双葉山の邪宗門

「璽《じ》光《こう》尊《そん》事件」と昭和の角聖

Yasuo Kato
加藤康男

草思社

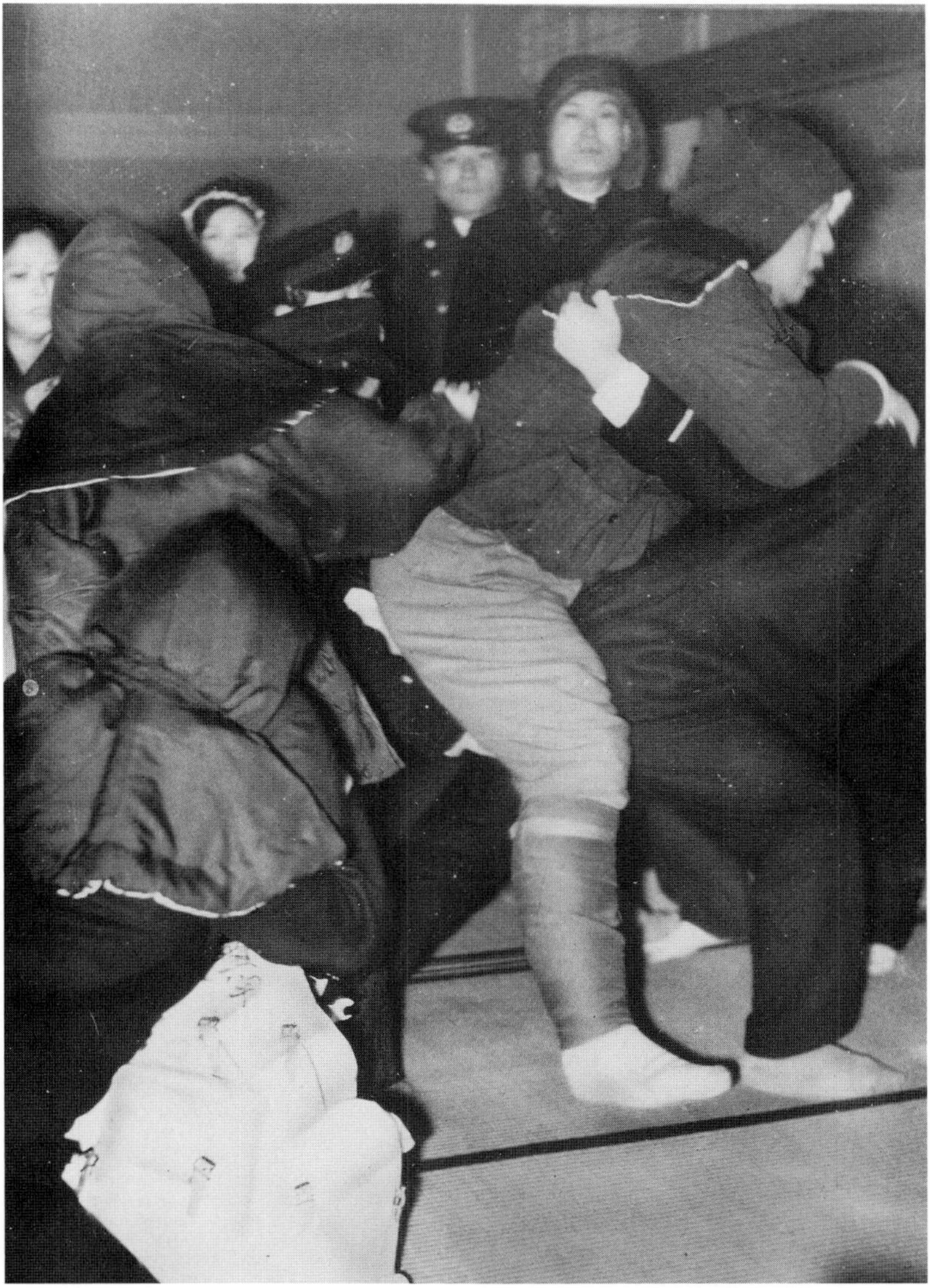

昭和二十二年一月二十一日、璽宇本部に踏み込んだ警官隊が双葉山を組み伏せようとしている。双葉山はいっさい抵抗しなかったという。(朝日新聞社)

昭和十二年十一月、新横綱双葉山の土俵入り。うしろの露払いは羽黒山。（朝日新聞社）

昭和二十一年十一月、横綱双葉山の断髪式。引退後は時津風親方を襲名。髷に鋏を入れるのは横綱羽黒山。（共同通信社）

澄子夫人と長男経治とくつろぐ時津風親方（双葉山）。昭和二十二年ごろ。（朝日新聞社）

昭和三十四年五月、大相撲夏場所八日目を観戦する昭和天皇。説明するのは日本相撲協会の時津風理事長（双葉山）。（朝日新聞社）

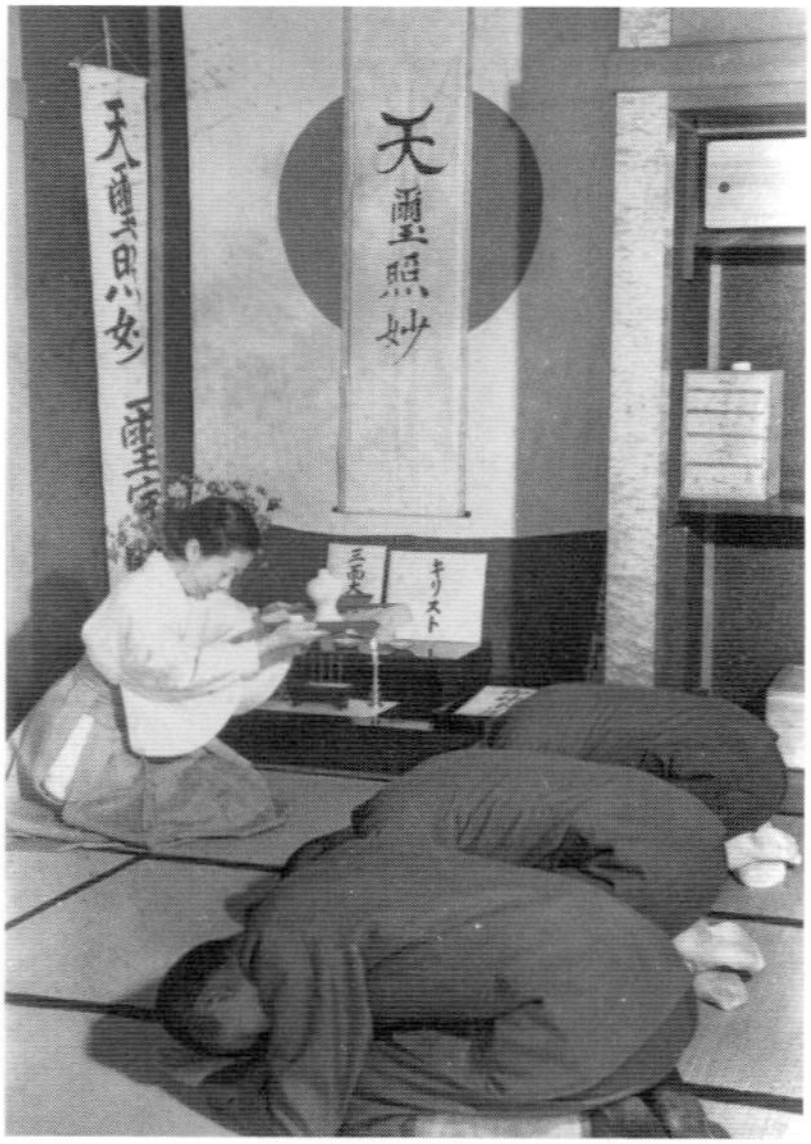

左：璽宇の「御神示」を取り次ぐ二人の巫女。／右：璽宇、布教師の「出陣」の儀式。昭和二十一年。（朝日新聞社）

璽宇の根幹をなす閣僚たち。中央に座るのは勝木徳次郎、二人の巫女は中原和子と叶子と思われる。（『アサヒグラフ』1947年1月15日号）

朝日新聞のインタビューに応じる教祖「璽光尊」こと長岡良子。（朝日新聞社）

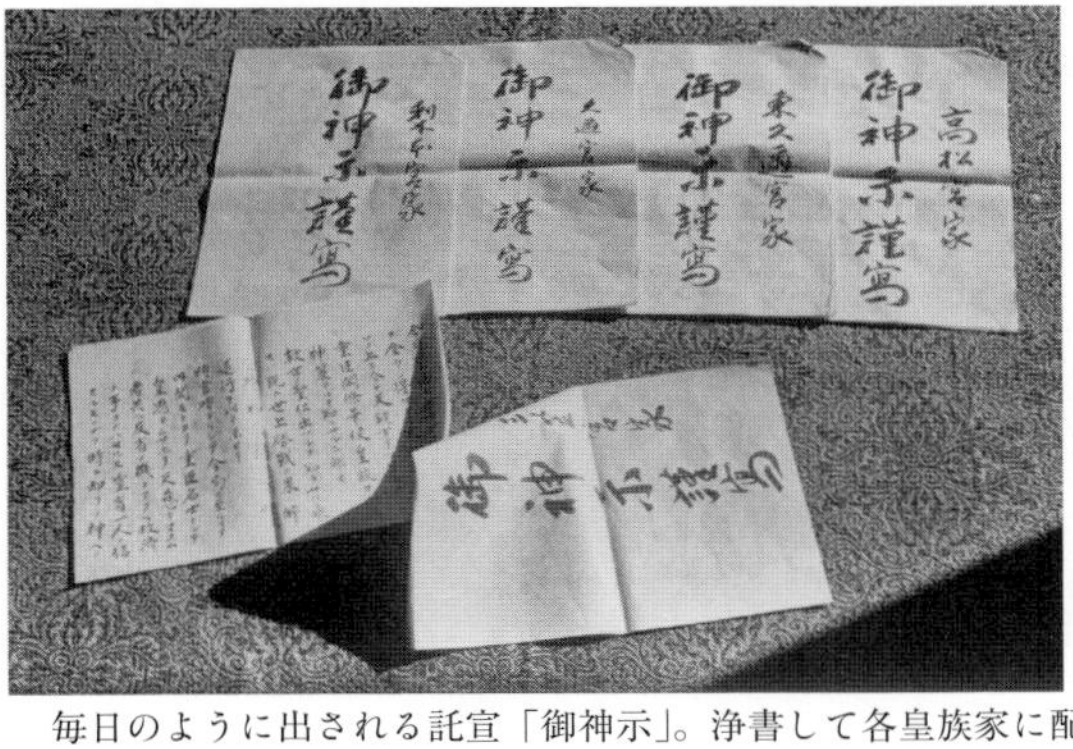

毎日のように出される託宣「御神示」。浄書して各皇族家に配布された。（朝日新聞社）

称名を唱えながら歩く璽宇の一行。前から三人目が双葉山、四人目が呉清源。（読売新聞社）

左：「天璽照妙」の長旗を押し立てて街頭を練り歩く双葉山。昭和二十二年一月十七日。（共同通信社）／右：璽宇の辻説法隊。（朝日新聞社）

突入した警官隊の前面に立ち、国民服にゲートル、防空頭巾の姿で仁王立ちになる双葉山。昭和二十二年一月二十一日。（『アサヒグラフ』1947年2月15日号）

身柄を確保されたあと、両手で顔を隠す「璽光尊」こと長岡良子。（共同通信社）

静岡県駿東郡の冨士霊園にある璽光尊の墓。本名の大沢奈賀で登録されている。表に「天璽照妙　璽光尊様御墓所」、裏に「霊寿39年７月７日御昇天」と彫られている。（著者提供）

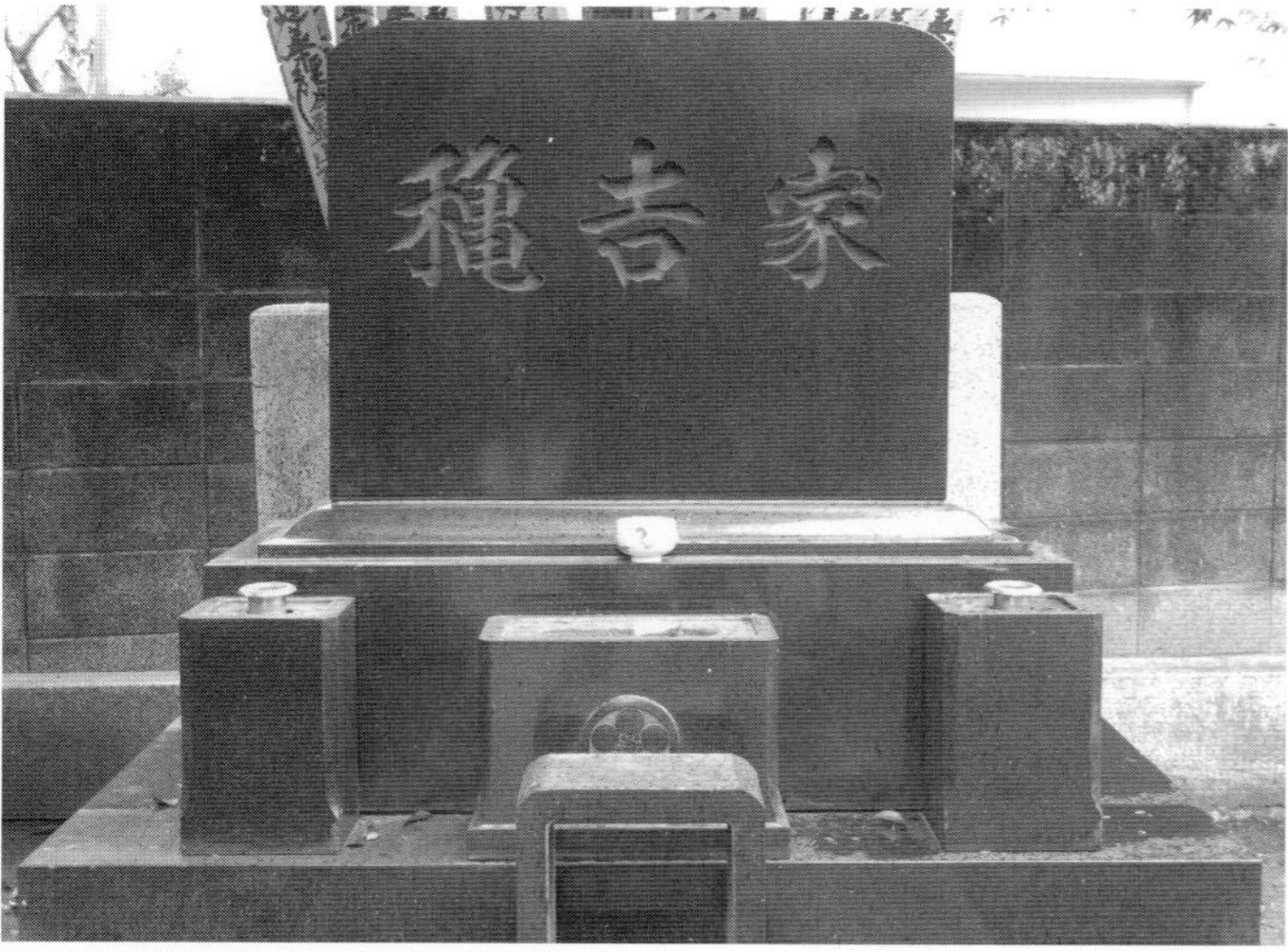

東京都荒川区日暮里の日蓮宗・善性寺、双葉山（本名・穐吉定次）が眠る穐吉家の墓所。裏には「双葉山　霊山院殿法篤日定大居士」とある。（著者提供）

双葉山の邪宗門◉目次

双葉山の邪宗門

◉凡　例

※引用文についてはできるだけ参考文献の原文表記に従ったが、読みやすさを考慮し難解と思われる漢字には新仮名遣いによる振り仮名を付け、適宜、句読点を付した。

※文語体の引用文は読みやすさを考慮し、部分的に簡略化などして、句読点を付し、仮名遣いを改めた個所がある。

※引用文で明らかな誤記、誤字と思われる個所については、適宜これを改めた。

※年齢は原則として満年齢とした。

第一章　大義の戦争

焦土の訪問者

墨東一帯が焦土と化した中、両国駅はかろうじて壊滅的な爆撃をまぬがれ機能していた。疎開時代から戦後復興期にかけ、貨物駅ともども都心と房総方面を結ぶ鉄道の要路であることに変わりはない。

それにしても、高架になっている両国駅のプラットホームから東両国（現・両国）界隈で目に入るまともな建物は見当たらず、残った建造物といえば大空襲で鉄傘が黒こげになった国技館と、東口駅前の両国ホテルくらいであろうか。

昭和二十年三月十日未明、米空軍による東京大空襲により本所・深川方面は業火で焼き尽くされ、一面焼け野原となった。警視庁の調査によれば、死者が八万三千七百九十三人（身元判明者のみ）、負傷者四万九百十八人、被災家屋二十六万八千三百五十八戸となっている。資料によって被害に差があるが、民間調査（「東京空襲を記録する会」や新聞社など）では死者十万人以上とされる。

敗戦を告げる天皇の玉音放送から一年三ヵ月ほど経った昭和二十一年十一月十六日の昼下がりである。

急ごしらえの商店が立ち並ぶ駅前は闇市に群がる人々で賑わいを取り戻してはいた。その中をアメリカ兵の腕にぶら下がるようにして歩く派手な日本女性が目立つのは、いかにも敗戦国を思わせるに十分な情景であった。横丁からは「リンゴの唄」が流れている。

いましがた駅裏を抜けて、仕立てのいいインバネスに身を包んだ痩身の男が、焼け残った両国ホテルに入っていった。フロント係はまだ三十代と思われる男の名を聞いて驚き、慇懃な挨拶を返す。

「これは、これは呉清源《ごせいげん》さまでいらっしゃいますか。失礼致しました」

この時代、囲碁なら呉清源、将棋なら木村義雄が実力、人気ともに群を抜いており、斯界のみならず庶民でもその名を知らぬ者はいないほど隆盛を極めていた。囲碁・将棋人口が現代とは比較にならないほど多い時代でもあった。

呉清源が両国ホテルを訪ねたのは、双葉山に面会するためである。実は、一代の名横綱といわれた双葉山定次は一年前、つまり敗戦直後の十一月秋場所を全休していた。その九日目、十一月二十五日に突如現役引退を表明し世間を驚かせたのだった。したがって、敗戦記念日である二十年八月十五日をまたいだ六月の夏場所が最後の土俵ということになる。以来この一年間、双葉山は地方巡業の土俵に上がることはあっても本場所の土俵を踏むことはなく、弟子の育成を主に自身の引退相撲に備えてきた。

前年の秋場所を全休した双葉山は、知人の紹介から埼玉県大宮市（現・さいたま市大宮区）にある氷川神社の境内に土俵を造営し、弟子を連れて仮寓していた。ここなら都心にも通える距離だった。両国が全焼していたためなのだが、信仰心篤いとされる双葉山のことだ。氷川神社が出雲の神、素戔嗚尊《すさのおのみこと》を祀る神社でもあったことが、交通の便とともに考えられる。横綱は二、三日前から場所後に組まれている引退相撲と断髪式に備え、この両国ホテルに荷をほどいていた。

部屋に通された呉清源は、にこやかな笑顔を浮かべ深々と頭を下げた。どちらも当代一の著名人だが、このとき呉清源は三十二歳、双葉山三十四歳、呉はそのわずかな年齢差を敬った。双葉山はかつて呉清源と一度だけ座談会の席で会ったことがあったが、とりたてて親しい間柄ではない。面会する気になったのは、この夏、青森県八戸に巡業した際、世話になった地元の画家・七崎安太郎（雅号・公昭）から特にと言われていたからである。七崎は年齢こそ三十五歳と若いが、肖像画では南部地方で名の知れた絵師だった。

「横綱、呉清源先生と是非お会いになってください。呉先生は大変に信心深い立派な方で、いま評判の璽宇《じう》教団の璽光尊《じこうそん》という女神サンと昵懇《じっこん》にされています」

七崎はそういって呉清源を一度宿泊先に訪ねさせてもいいか、と訊ねた。訥々と八戸弁で語る七崎に横綱は好感を持ったようだ。

双葉山にとって璽光尊という名は初耳だったが、彼はかなり早くから日蓮宗の信者で、相撲界でも信仰心にかけては誰にもひけをとらないだろうと言われてきた男だ。だから八戸の七崎安太郎の話にも、嫌な顔もせず承知した。

「横綱」と言ってひと呼吸おくと、呉清源は身を乗り出すようにして話し始めた。


「日本の国はありがたい国です。ですが、敗戦という未曾有な国難にあって、世間は混乱をきわめ、民衆は食を求め餓えに泣いています。こうしたみじめな日本を世直ししようという偉い人がいます。天照大御神の御神示を伝えるたいへんな人です。一度ぜひ会ってみてください」(池田雅雄「双葉山定次傳」12)


七崎からも聞いていた女性教祖が主宰する璽宇の本部は杉並区荻窪にあるという。二人の話はほぼ同じだった。世直しと日本再建を真剣に祈念しているだけではない、重い病を癒し、天災予知もよく的中《あた》るのだとか。当初は生返事をしていた横綱も、次第に気持ちが惹かれつつあった。呉清源も「私がご一緒いたしますから」と言って熱心に口を添える。

米沢絣に袴を付けた横綱は、ソファにもたれて呉清源の話を静かに聴いていたが、

「少し考えさせてください。ご承知のようにあさって十八日が千秋楽、その翌日に引退相撲と

断髪式が控えていますので。万事、終わったら伺うかどうか決めましょう」

そういうと双葉山はソファから立ち上がって呉清源の背中を見送った。その後、国技館へ向かうと、中入り後から二階席の隅にそっと腰を下ろした。

大鉄傘の大穴が修復された国技館の土俵を双葉山は静かに見下ろしている。盛況ではあっても、土俵上は敗戦を境に大きく変わろうとしていた。番付には当然ながら双葉山自身の名前はない。早稲田出身のインテリ力士といわれた笠置山（関脇）も引退し、名前がない。代わって若手の不動岩が関脇に、千代の山（のち横綱）は前頭筆頭に躍進し、穂波山（のち小結・大起）と力道山の名が新入幕の中にいる。

痩せたままの復員力士が観客の哀れを誘い、名前が載ることのない大空襲で戦災死した力士の冥福も密やかに祈られていた。

そんな変化の中で特に人目を惹いたのは、修復された国技館の大鉄傘に白ペンキで大きく書かれていた横文字であろう。あまり大きすぎて近くでは読み取れない。遠く両国橋の上に立つと「MEMORIAL HALL」と読めた。国技館はＧＨＱ（連合国軍最高司令官総司令部）に接収され、メモリアルホールと名前が変わっていた。木戸の入り口には銃を持った米軍兵士のブロンズ像が目立つ位置に置かれている。太平洋上で散ったアメリカ人スポーツ選手の慰霊碑だという。

皇太子隠密観戦

実はこの日、皇太子（現・上皇陛下）がひっそりと正面桟敷の前列に座って大相撲観戦に来場していた。天皇の観戦を天覧、天皇以外の皇族方のスポーツ観戦を台覧と呼ぶが、この日は隠密観戦のためか台覧のお触れはなかった。

前年十一月、疎開先の奥日光からようやく帰京して赤坂離宮（現・迎賓館）に戻った皇太子は、学習院中等科一年の少年だった。東宮大夫及び侍従たちが殿下になにか気分転換をと考え、この大相撲観戦になったものとみられる。なにしろ、皇太子の生活は家族から引き離されたままの孤独なもので、宮中への参内は二週間に一度の日曜日十時から三時までと決められていた。昼食を一緒に摂り、おやつを食べると終わりだった。その主な理由の一つが、両親陛下のいる吹上御文庫ではどうしても女官たちにちやほやされるので帝王学上よろしくないから（木下道雄『側近日誌』）との記録がある。

天皇・皇后の相撲観戦（天覧相撲）などのためには正面桟敷席に貴賓席が用意されていたが、GHQに接収されてからというものそれもない。いくらお忍びとはいえ、砂かぶりに近い席での観戦などあり得ないことだが、この日はあくまで非公式とされ、数人の警備の者だけが周囲を警護していた。連日、米兵もかなり押しかけていたためMPが動員されていたが、一般観客の大多数は皇太子に気がついていなかった。

GHQはすでに主要都市で使えそうなビルや西洋館の大部分を接収していた。都心部だけでもこれまでに大蔵省、帝国生命館、郵船ビル、帝国ホテル、松本楼、主婦之友社、松屋銀座ビル、三井本館、東京宝塚劇場、服部時計店本社、中央郵便局、明治生命ビル、放送会館（NHK）などなど枚挙にいとまがない。国技館もその一つだったわけだが、なんといっても皇居のお濠を挟む正面に位置する第一生命ビルにはマッカーサー元帥が陣取り、GHQ本体が占拠していたのである。

少年皇太子が屋根の破れた国技館での相撲観戦を終えてから十日あまり経った十一月二十九日午後、昭和天皇は皇族を呼んで臣籍降下を言い渡している。この日出席した皇族は十九人。GHQから下されていた皇室の歳費大幅削減や課税免除の特権廃止、皇族財産に対する巨額な課税措置といった命令がいよいよ皇室存続の基盤を揺るがし、解体寸前の危機を迎えていたのだ。

参内した皇族の一人、梨本宮伊都子妃《なしもとのみやいつこ》はこの日の模様を次のように綴っている。

> 天皇陛下出御《しゆつぎよ》。一同に対し、此の時局に関し申しにくき事なれども、私より申上げますと仰《おお》せられ、生活其他に付、皇室典範改正になり、色々の事情より直系の皇族をのぞき、他の十一宮は、此際《このさい》、臣籍降下にしてもらい度《たく》……（中略）ほんとに、陛下の御心中、御さっし申上げると、胸もはりさける思ひ。（小田部雄次『梨本宮伊都子妃の日記』抄出）

直系の皇族とは天皇家と秩父宮、高松宮、三笠宮とその家族を指し、降下と決定されたのは十一宮家、計五十一名であった（実効は翌二十二年十月十四日）。賜杯を戴く協会としても、双葉山の引退土俵入りが秋場所後にあることも踏まえ、通常の場所とは違った緊張感が漂っていたのではないだろうか。

千秋楽二日前の大相撲観戦をしていた皇太子がその詳細を知る由はなかったが、日曜日の昼食を共にする中で皇室存亡の危機感を多少とも感じ取らないはずはなかった。感受性の強い年齢に達していた皇太子の心中を察し、気鬱にならないようにと東宮職が気を遣ってこの日の台覧になったとも考えられる。それから三日後の十一月十九日、メモリアルホールでは双葉山が髷を落とす土俵に上がった。

引退相撲

当日は正午過ぎには満員御礼となり、全盛期の双葉山を迎える土俵のようであった。十両の取組が終わり、土俵が掃き清められる。ついこの間まで戦時下の土俵を一人で担ってきた大横綱への訣別の思いが、観衆の心を煮えたぎらせ始めたころ、チョーンと呼び出し小鉄の柝《き》が入る。

どよめきが湧き上がったと思ったら、東花道から木村庄之助を先導に、化粧回しをつけた双葉山の姿が現われた。露払いに照国、太刀持ち羽黒山を従えて最後の土俵入りである。

全盛期から比べれば多少の肉体の衰えは隠しようもないものの、風格や貫禄にはいささかの翳りも見えない。横綱はせり上がりで左手を胸に、右手を下方に伸ばす力感溢れる雲竜型を披露して土俵を降りた。その背中に会場から「双葉山ァ」「大統領!」「お疲れさん!」の声が飛ぶ。

間をおいて師匠の立浪親方と紋付に着替えた双葉山が大輪の花飾りを胸に、再登場した。

「双葉山であります。過去二十余年にわたって、土俵上において精進を重ねて参りましたが、今日ここに引退の運びとなりました。相撲道は私の命であります。これからは年寄時津風として相撲協会に尽くすとともに、日本相撲道のために、微力を尽くす覚悟でございます」

四囲に頭を下げ、挨拶は終わった。次いで断髪式である。土俵上に敷かれたゴザの上に正座をした主役のマゲにハサミが入る。第一バサミは本日の主賓・賀陽宮恒憲《かやのみやつねのり》殿下、そして師匠の立浪(元小結・緑嶌)、野依秀市《のよりひでいち》、酒井忠正(伯爵、大東文化学院総長)、安岡正篤《まさひろ》(陽明学者)、吉田茂(首相)らが続く。

三宝を持って介添え役を務めるのは装束姿の木村庄之助。親元として最後の納めバサミを入れたのは、横綱を角界に送り込んだ恩人とされる双川喜一(明治大学専務理事)であった。この日の切り取られたマゲは、今も相撲博物館に残る。

ハサミを入れた野依秀市とは、明治・大正・昭和にわたってジャーナリストとして活躍した人物であるが、同時に尊王主義を唱え、国粋主義活動家としても著名である。さらに付け加えれば、昭和十五（一九四〇）年には「帝都日日新聞」と「東京毎日新聞」を吸収合併し、経営権を握る。ちなみに今日ある「毎日新聞」は当初「大阪毎日新聞」が東京に進出する際、「東京毎日」を吸収しようとしたが野依の壁が厚くて果たせず、やむなく「東京日日新聞」を吸収合併する道を選択し、昭和十八年「毎日新聞」となるのである。児玉誉士夫から師と仰がれていたとされるほど裏社会の実力者でもあった。

土俵上に居並ぶ野依秀市や安岡正篤といった天皇主義、国家主義を奉じる著名人が双葉山にどれほど濃密な影響力を与えてきたかは、おいおい述べることとする。GHQの圧倒的な支配下にある敗戦直後、メモリアルホールでの断髪式を境に、双葉山の心中にある微妙な変化が招来し始めていたことはまだ誰も気がついていない。

「これからは年寄時津風として相撲協会に尽くすとともに、日本相撲道のために、微力を尽くす覚悟でございます」との言葉は、どこまで双葉山の本音を語っていたのだろうか。

双葉山はマゲを落とすとなぜかひと回り小さくなったかに見えた。注視していた観客にはそれが伝わったに違いない。観衆の目には不滅の六十九連勝を達成した大横綱双葉山の印象がいまでもくっきりと残っていたからだ。

一瞬の静寂が土俵上に漂ったころである。桟敷前列から見上げていた久保田万太郎（小説家、俳人）は懐から紙と筆を取り出すと、

「一生に二度と来ぬ日や小春きょう」

と一気に認《したた》めた。昭和二十一年の晩秋である。

少年期

双葉山定次《さだじ》は明治四十五（一九一二）年二月九日、大分県宇佐郡天津村《あまつむら》字布津部《ふつべ》（現・宇佐市大字下庄）で、回漕業のかたわら漁業にも従事する父・穐吉義弘《あきよし》と母・みつゑ（美津枝とも）の次男として生まれた。明治も残り数ヵ月、明治天皇の崩御（四十五年七月三十日）までわずか五ヵ月あまりという時期の誕生である。

本名は穐吉定次。「穐」とは珍しい字だが、そもそもは収穫した作物を束ねて収めるという意味だという。収穫の秋という意もあり、豊作の秋を願うめでたい苗字だった。

その穐吉家にはほかに長男と妹がいたが、長男は生まれて間もなく早世、妹も幼くして他界したため定次は事実上一人っ子として育てられた。

県北にある布津部は福岡県とも近く、周防灘を臨む静かな内海に面した半農半漁の小村であった。定次の父方の祖父は内田小三太友春といい、中津藩十万石の家臣で、明治維新後は福澤諭吉の門下生にもなったという士族であったが、家禄を離れてからは苦労もしたようだ。そのときまだ幼かった義弘を景気がよいと評判だった穐吉家の養子に出すこととなる。それが定次の父である。羽振りがよかった祖父の代から義弘の代になると家業が傾き始め、定次の肩にも生活の苦労がのしかかってきた。石炭や木炭を大阪方面へ運搬していたのだが、運賃を稼ぐだけでは利潤に限度があった。

大正十年ごろのことである。明治末期までは日清・日露両戦役の特需による好景気が地方の船舶輸送業者にもそれなりに及んでいたものの、大正も半ばとなると一挙に景気は暴落し始めていた。

夏目漱石が明治四十一年に書いた長編小説『三四郎』には、時代の変化を敏感に感じとっていたとされる情景が描かれている。熊本から上京する三四郎は列車の中で出会った奇妙な男に「これからは日本も段々発展するでしょう」と言うが、男は「滅びるね」とひと言返したのだった。

第一次世界大戦（一九一四〜一九一八年）による好景気の波が九州の寒村に届くことはなかったのだろう。

大正十一（一九二二）年、定次が九歳になったころ、稗吉家の家業は借財だけになり、母は心労のあまり倒れ、そのまま他界してしまう。母は当時の女性としては大柄な方で百五十八センチあった。その上美人の誉れも高かったという母の死は、まだ小学生だった定次をひどく落胆させた。逆に父・義弘は百五十五センチくらいの小柄な男だったが力は強く、田舎相撲では名が通っていたという。兄妹を失い、母まで失った定次は、小さな帆船に鉱石などを担いで運び込む力仕事で家計を助けていた。定次の足腰が人一倍粘り強く、強靭なものになったとされるゆえんである。

後年、角界に入ってその頂点を極めたころよく言われたのは、腕力《かいなぢから》より足腰の強さで他を寄せ付けなかったということだった。小説家で無類の好角家でもあった宮本徳蔵は、双葉山と他の大横綱を比較しながら次のように評している。

> 角聖と敬われた明治の常陸山は、並みはずれた腕力にものをいわせた、強引きわまる相撲《すま》いぶりだった。敵がどう出ようとおかまいなしに無造作な立ち合いをし、いったんは土俵ぎわまで押しこまれても差し手を泉川《いずみがわ》（引用者注・相手の一方の差し手を両手で抱え、ねじるようにすること）にきめておいて、振り飛ばし、突き飛ばし、捩じ倒した。
>
> 戦後の大鵬は体の大きさ、柔かさ、ふところの深さでは天賦の美質があったが、いかんせん、腰がやや浮き加減で、膝にバネがなかった。
>
> 双葉山はまったくちがう。肩広く、胸ふくらみ、臀が突きだし、相手からすると上手が遠くて取りにくい体形だ。生ゴムのごとき筋肉で、腰は厚いうえに重く、膝の屈伸が自由自在だから、前後にも左右にも崩すのはむずかしい。（宮本徳蔵『力士漂泊』抄出）

横綱審議委員長を長らく務めていた作家の舟橋聖一もほぼ同じ目で見ていた。

彼は必ずしも膂力《りょりょく》に秀でてはいなかった。腕相撲をやれば、同じ部屋の羽黒山にも名寄岩にも負けた。しかし、土俵へ上がると彼の力は十倍にも二十倍にも活性を加えて作用した。私は絶えず彼を頭脳的プレーヤーとして観戦し、そのテクニックの醍醐味を満喫した。(『相撲』平成二十八年七月、別冊夏季号)

双葉山自身が自叙伝で次のように振り返っている。

少年時代の海上生活の経験は、後日のわたしにどんな影響を及ぼしたか—わたしはよくこのことをきかれるのですが、第一にいえることは、「忍苦」の精神を養いえたことでしょう。第二にいえることは、船の動揺によって自然に腰を鍛錬することができたということです。(中略)これが後日の土俵生活のうえに、少なからず役だったものと思われます。(時津風定次『相撲求道録』抄出)

大正十五(一九二六)年二月、定次が満十四歳になったころである。田舎相撲の大会に出ては大人を次々に負かす定次の名が地方紙に載るようになった。腕試しもあったろうが、米などが賞品に出ると聞いての出場でもあった。当時、定次の体格は身長百七十三センチ、体重七十一キロだったというから、今からみればけっして大きいとはいえないが、それでも村相撲では目立った背丈だった。日本人の成人男子の平均身長が百六十二センチほどの時代なのだ。

入門から幕内

幾度かの田舎相撲で優勝し、「天津に怪童あり」と書かれた「大分新聞」に目をつけたのが、大分県警本部長・双川喜一だった。そこで双川部長は大正十五年の暮れ、大分県下に巡業に来た立浪親方（元緑嶌）に連絡をとった。

かつて立浪の故郷でもある富山県警に勤務経験があった双川は、かねてより新弟子探しを頼まれており親方と昵懇の間柄だった。

穐吉定次という少年が将来有望だと聞かされた立浪親方は直ちに定次と父親を大分市に呼び、入門を勧めた。父親の決心もあって定次はその場で親方に身を預けることになり、力士としての第一歩を踏み出す決意を固めた。

大正十五年は十二月二十五日で終わる。改元された昭和元年は年末の数日だけで、昭和二年が明けた。その二月、夢にまで見た二等の夜行列車に乗せられ、次の関西本場所地である大阪へ向かった。

その途上、定次は立浪親方がかねてより信仰していた岡山県の金光教《こんこうきょう》本部に立ち寄って、師匠とともにお参りをしている。金光教とは幕末から明治初期に興った神道系教派の一つだ。双葉山の信仰心は、このとき親方から受けた影響が起点となった可能性も考えられる。

三月の大阪場所で前相撲として初土俵に上がるのだが、そのときの名乗りが「双葉山」で、これは入門の際に世話になった双川喜一の命名による。彼の「双」の字と「栴檀《せんだん》は双葉より芳《かんば》し」を併せての四股名だとされる。断髪式でも土俵に上ったあの双川である。

双葉山の土俵歴はこの昭和二年三月の大阪場所の前相撲に始まり、五月の東京場所で初めて両国国技館の土俵を踏む。この場所で新序といって序ノ口力士を相手に相撲を取るのだが、負けが込みすぐに序ノ口にも上がれなかった。田舎相撲でいくら強くても、いかんせん体格が貧弱だった。身長百七十三センチはまあいいとしても、体重がなにせ入門規定十九貫（七十一・二キロ）にすら二百グラム足らなかったほどである。検査時には心配で大福もちと水をたらふく腹に入れて臨みスレスレでパスしたとの記録がある。

したがって、序ノ口、序二段、三段目、幕下までの間に目立った活躍もなく、五分の星程度で昭和五年が終わった。若手力士の有望株に目をつける相撲記者などからも注目されないまま、双葉山はひたすら稽古に励むだけの日々を過ごしていた。

まる三年以上経っても関取になれなかった双葉山は脚気の持病治癒祈願もあって、杉並区堀の内の日蓮宗妙法寺に毎朝願掛けに通うようになった。そのご利益あってか、昭和六年五月場所で新十両に昇進することがかなった。入門以来四年余、満十九歳三ヵ月である。

ここまで、優勝もないが大きな負け越しもないという、あまり人目につかない成績だった。足腰の強さ、粘り腰、稽古熱心というだけで上がってきたとよく言われたものだ。

ようやく頭角を現すきっかけとなったのが、昭和七（一九三二）年の正月明け（春場所前）に起こった品川・大井町での春秋園事件だった。出羽海部屋を中心とした協会の体質改善や地位向上などを要求した力士が大勢で協会を脱会し、中華料理店・春秋園に立て籠もったのである。大相撲史に残る大事件といえるが、このとき立浪部屋の双葉山は協会に残留したため、十両から前頭上位に急遽繰り上げ入幕を果たした。ツキも持っている力士ともいえるが、さすがにこの大抜擢は荷が重く、稽古を重ねて自分の型を作り実力ともに安定するには四年の歳月を要している。すなわち、昭和十一（一九三六）年春場所をもって、双葉山の相撲は完成の域に達したとされる。左上手を取ればもう勝負はあった、と観客が席を立って帰り支度にかかるとまでいわれた磐石の右四つ完成をみるのである。果たせるかな、昭和十一年春場所から不倒の大記録六十九連勝が始まることになる。

七十連勝成らず

双葉山伝説の頂点とも言える六十九連勝は、昭和十一年春場所七日目瓊ノ浦《たまのうら》（のちの関脇両國）との一番から始まった。

連勝が止まったのは三年後の昭和十四（一九三九）年春場所四日目で、対戦相手は初顔合わせの新鋭、安藝《あき》ノ海だった。この三年の間、双葉山は五場所連続の全勝優勝を果たし、番付も東前頭三枚目から、小結を飛ばして関脇、大関、横綱と一気に昇進したのである。

ここで時代を振り返っておけば、双葉山が目立って活躍し始めたのは十九歳三ヵ月のとき十両に進んだ昭和六年五月以降のこと。その四ヵ月後の九月には満洲事変が勃発している。更に翌七年一月には春秋園事件が起き、それがきっかけとなって一挙に幕内昇進。西前頭四枚目となった同年三月場所とほぼ時を同じくして満洲国建設宣言が発せられた。

連勝が始まった昭和十一年春場所（一月）の翌月には二・二六事件が勃発、翌十二年七月に盧溝橋事件が起きて日中両国の軍事衝突が開始された。双葉山の六十九連勝の期間は、この日中両国の戦争期間と奇妙に符合するのである。全勝優勝を続けていた昭和十二年には、満洲巡業中に東條英機関東軍参謀長を訪問している。

連勝記録を毎場所伸ばしていた絶頂期の双葉山はまさしく向かうところ敵なし。観客の関心は何連勝までするのか、ひょっとしたら百連勝もあるのでは、といったファンがいた反面、あまりの強さに「双葉、負けろィ！」などという罵声が三階席あたりから掛かるありさまだった。強すぎて面白くないという相撲ファンの正直な声でもあった。

そんな昭和十二年五月、大阪・夏場所のことである。十二日目の取組（当時は十三日制）で大関だった双葉山は横綱の玉錦と対戦し、右からの強烈な下手投で玉錦の巨体を土俵に叩きつけた。翌日の千秋楽には大関鏡岩を屠り、この場所も全勝優勝を果たした。

そして、双葉山は場所後に横綱に推挙された。

この時の玉錦戦を友人の中谷清一（徳富蘇峰が興した「国民新聞」の記者）と桟敷で観戦していた吉川英治は、当時「朝日新聞」に連載中の『武蔵落穂集』の中で次のような感想を残している。

吉川英治と中谷は場所後、東京の料亭で双葉山と、同じく親しい安岡正篤を交えて一献傾けていた。

僕ら四、五人食事をしてゐると、この人気男をめぐって八方から客席の電話だの、妓《おんな》たちの狂態に近い歓声が集まってくる。人気といふものは浮気ないたづら者である。双葉がもし次の場所に黒ボシの過半数を取れば、この雰囲気は何処かへ行ってしまふのだ。

何とかいふ殿様だの、三菱の重役連だのといふ電話も頻々とかかっていたが、双葉山はその間に、田舎の父親の事でも思ひだしてゐるらしく、無口に酒を舐めているだけだった。

誰かが色紙に寄せ書きをし始め、彼もそれへ穐吉定次と不器用な手つきで書いたので、僕も端へ一句かう書いて、そばにいる安岡正篤氏に示したら、おもしろいと同感してくれた。だが双葉山は同感か何《ど》うか。

江戸中で一人さみしき勝角力《すもう》

吉川英治は宮本武蔵の影に双葉山を重ね、その孤独な胸の内を不器用な寄せ書きに見たのであろうか。さらにいえば、中谷清一はただの新聞記者ではなかった。父親が神戸商工会議所会頭を務めた人物ということもあって、関西財界に彼自身顔が広く、また安岡正篤を双葉山に紹介したのも中谷であった。
この会食の頃がいわば双葉山の絶頂期で、それから二年後、さしもの連勝記録もストップする日がくる。

七十連勝を逸した昭和十四年春場所（一月十二日初日）四日目は、快晴の日曜日を迎えていた。軽めの朝稽古を終えると、さっと風呂で汗を流した。髯をあたると、ふっくらとした、やや浅黒い精悍な顔が鏡に映っている。立浪部屋の風呂場の窓から、この季節にしては暖かな陽射しが射し込んでおり、横綱は気分よく朝飯兼昼食の食事を摂った。

鯛の塩焼き、鯉の洗い、めばるの甘辛煮、生いかの刺身とあんこうのちり鍋という豪勢な食卓である。魚が多いのは、大分県の周防灘を臨む漁村で、廻船業兼漁師の倅《せがれ》として生まれたせいだろうか。魚を見る目が肥えている横綱を喜ばせようと、日本橋、両国界隈から毎朝のように魚屋が生きのいい魚を立浪部屋の勝手口まで見せに来るのが慣わしになっていた。

場所入りしても心は平静だった。なじみの相撲記者たちにも落ち着いた対応をみせ、誰もが七十連勝を疑わなかった。しかも今日の相手は前頭三枚目に上がってきたばかりの若い力士である。双葉山はいつもと変わらぬ準備を終え、花道に向かった。

東京中央放送局（現・NHK）では連日ラジオで相撲の実況放送をしていた。初めて相撲放送が開始されたのは昭和三（一九二八）年のことで、開始当時の実況アナウンサー松内則三は相撲の取り口を説明するのさえままならぬほどだったという。

「左四つ」「右四つ」の区別さえ咄嗟には言えないほどの描写力だったから、その苦労ぶりが察せられる。（山川静夫『そうそう そうなんだよ』）

双葉山が土俵下控えに入ると同時に、場内は騒然となった。七十連勝を目前にした横綱の入場に興奮する喚声も大きかったが、二大関が直前に続けて敗れたためでもある。初顔合わせの双葉山と安藝ノ海は、間が合わず仕切り直しは五回を数えた。立ち上がってからの攻防を簡単に追っておこう。

先に安藝ノ海が猛烈な突っ張りをみせ、横綱も突き返し浅く右を差す。頭をつけて食い下がりの体勢をとった安藝ノ海に対し、双葉山はやや強引かと思われる右下手からの掬い投げを二度打った。二度目の掬いが弱かったためか双葉山の腰がやや立ったところを安藝ノ海の左足がサッと横綱の右足にからんだ。外掛けである。この強襲に珍しく腰高気味だった双葉山は残せず、安藝ノ海の体を乗せたまま左肘からドッと落ちたのだった。このとき、満場の観衆は眼前の勝負がよく飲みこめなかった。一瞬啞然として静まりかえったが、間違いなく安藝ノ海の下に横綱が倒れていた。

ラジオの実況放送をしていた若いアナウンサーは連呼していた。

「双葉山敗る、双葉山敗る、双葉山敗る……」

対戦相手も、決まり手も後回しだった。大横綱・双葉山が負けたことが大ニュースなのだ。国技館の硬いセンベイ布団が宙を舞っている。放送席にも飛んでくる。飛んできた煙草盆やミカンを座布団で庇いながら実況を続けていた。

「時、昭和十四年一月十五日、旭日昇天正に六十九連勝、七十連勝を目指して躍進する双葉山、出羽一門の新鋭安藝ノ海に屈す、双葉七十連勝ならず！」（同前『そうそう そうなんだよ』）

実況担当は当時二十九歳だった和田信賢《のぶかた》で、それから六年半後の夏、終戦の詔勅を朗読することになる。

この連勝記録は現在でも破られておらず、大相撲史に残る大記録となった。このとき双葉山は二十六歳である。

現代では白鵬が六十三連勝を達成しこれに続く大記録をもつが、当時と今ではさまざまな条件が異なり単純比較は難しいとされる。また、江戸時代の横綱谷風にも六十三連勝という記録があるが、これはさらに比較しにくい。

たとえば、現在は年に六場所もあるが、双葉山が連勝記録を達成した時代、本場所は年に二場所。しかも十五日制ではなかった。細かく見れば、双葉山連勝開始時の昭和十一年春場所から十二年春場所までは十一日制、十二年夏場所から十四年春場所までは十三日制。現在のような十五日制になるのは、十四年夏場所からだ。

昔より今のほうがハードスケジュールだから大変だ、という意見は多い。確かに、怪我をすればしっかり治らないうちに次の場所を迎えるという点では難度が高いように思われる。だが、昔は場所と場所との間には長い巡業があり、全国各地を転々としなければならなかった。遠く満洲や中国大陸へも慰問や巡業に出掛けており、その体調管理はかなり難しかったといえそうだ。

もう一つ付け加えるならば、双葉山の強さと人気の秘訣には連勝記録だけでは計れないものがあった。マッタをしない、立ち合いで張り手やかち上げをしないといった「キレイな相撲」が特に目立ち、総じて「受けて立つ」姿勢に徹していたことが多くの相撲ファンに愛された原因とされていた。自身も「この立ち合いは『後の先』である。西部劇のピストルの果し合いのようなもので、相手がピストルに手をかけるや、自分のピストルを抜いている状態」なのだと説明している（『私の履歴書』第十一集）。

モツケイタリエズ

前場所、六十六連勝のあとの昭和十三年夏、双葉山は満洲、大連への巡業があり、現地で大病をし体調を崩していた。その結果が連勝ストップにかなり影響していたとみられるが、双葉山自身、次のように語っている。

わたしはあの前年に北支の巡業で、アミーバ赤痢にかかり、夏には帰国して大阪の病院へ入ったのです。やがて退院したものの、体重は三十三貫から二十七貫に減り、それから右場所となり、病気は癒《なお》っていたにしても、体力の衰弱は十分に恢復しきっておらず、また場所前の稽古も一ヵ月程度で、まことに不十分であったように思われます。(『相撲求道録』)

言い訳をしない横綱、としても有名だった双葉山だが、後年このように実情を明かしている。一番脂が乗りきったときでも百七十九センチ、百二十八キロ(約三十四貫)で、とりたてて大柄力士とはいえなかった双葉山にとって、この減量はさぞかし痛手だったろう。

白鵬も双葉山を手本としている、と答えた上で、

「双葉山関は三年近くもの間、ずっと勝ち続けたことがすごい。もし現在のように十五日間の場所が年六回あったとしたら、いったい双葉山関は何連勝していたんでしょうね」

と平成二十三年一月、共同通信の相撲記者に答えている。


この連勝記録挫折の後日談である。双葉山は友人の中谷清一に一通の電報を打った。それは

以前、中谷を通じて紹介された安岡正篤から聞いた中国の古典（荘子の「外篇達生」や列子の「黄帝篇」）に出てくる木彫りの鶏、木鶏《もつけい》にまつわる漢詩の話に強い感銘を受けていたからである。安岡の説明はこのようなものだった。

「中国の古典に曰く、鶏の鳴く者ありといえども、すでに変ずることなし。これを望むに木鶏に似たり。その徳全し。異鶏の敢えてこれにあたるなく、反《か》えりて走りけり、と。つまり、二人の闘鶏の名人が問答をした。鍛えに鍛えた闘鶏は、ついに木彫りの木鶏のように敵が現われても、空威張りもせず、向かってもいかず、にらみつけもせず、その徳が完全で敵のほうが逃げてゆく、という意味だ」

簡単に言えば、泰然自若な平常心を目指せというくらいのことか。

感銘を受けた横綱は、安岡の筆になる「木鶏」という扁額を稽古場に掛けていた。そして、七十連勝が成らなかったとき、「イマダ　モツケイタリエズ　フタバ」との電報を打ったのだ。中谷はこの電報を欧州旅行の途上で船上にいる安岡宛に転送した。インド洋を航海中だった安岡は「これでよいのだ」とうなずいたとの逸話が残されている。なお、安岡は受け取った電文を「モツケイニオヨバズ」と記しているが、双葉山や中谷は「モツケイタリエズ」と書き残している。

結婚

双葉山は生涯で十二回優勝している。六十九連勝中に五回（つまり、すべて全勝優勝）、連勝途絶以降に七回優勝したことになる。五場所連続全勝優勝という記録自体、とてつもない快挙である。したがって、六十九連勝中に最盛期を迎えた感を抱かせるが、相撲人生全体をみればその後により円熟した高みに上り詰めたといえるだろう。

優勝の最後は昭和十八年五月場所である。この年、一月、五月場所をともに十五戦全勝で飾ったものの、十九年に入ると急激に退潮傾向となった。最後の土俵は戦況悪化のさ中、昭和二十年六月夏場所（非公開、七日興行）で初日に相撲を取ったものの体調不良から休場し、終戦直後の昭和二十年十一月場所を全休、引退表明へと繋がることになる。

双葉山の円熟期間、すなわち昭和十四年から十八年までの五年間に日本は支那事変から大東亜・太平洋戦争へと突入していたわけだが、双葉山の活躍期間はこの戦争期と完全に符合していたことが分かる。働きざかりの戦中派といっていい。

そんな五年間の劈頭、すなわち六十九連勝が途絶えた直後に双葉山は結婚している。

相手は大阪で金融業を営んでいた小柴高之の娘・澄子という。ところが両親ともにすでに他界していて叔父の家に身を寄せている娘さんで、結局財産らしい財産は残っていなかったとされる。それでも、家庭的な女性で、母性愛を第一と考えていた双葉山は満足であった。母を幼くして失った男は、えてして生涯母性を求め続けるものだとも言われている。

この結婚の媒酌を務めたのは、双葉山を贔屓《ひいき》にしていた帝都日日新聞社長の野依秀市で、当時の天長節、昭和十四年四月二十九日に結婚式を挙げた。だが、二人の結婚は周囲から見ればやや意外なものだった。当時の通例では、力士が結婚する相手といえば親方の縁者もしくは花柳界からというのが慣例だ。事実、立浪親方（元小結・緑嶌）からも「お前を部屋の後継者にしたいから、娘を貰ってくれまいか」と頼まれていたとされるが、これを断っての末だった。結局、立浪の娘は双葉山の弟弟子・羽黒山（のち横綱）と結婚するのだが、立浪親方とはその後も気まずい関係が続くことになった。

ただし、立浪と双葉山の関係悪化については、やや過剰に盛られた話だとする説もある。そう補足するのは立浪親方の長男・高木友之助（中央大学総長）である。

「師匠の娘との縁談を断って独立したなんていうのは、マスコミ好みの題材ですけど、世間が書き立てるほど、父が縁談をすすめたこともないし、双葉山が横綱になってからは、面と向かって荒い声を出したのを見たこともありません。双葉が独立する時も、まあ僕なりに心配はしましたけど、双葉に会いに行ったら『坊やの気持ちはわかるが、いつか、わかってもらえる時がくるから、今は好きなようにやらせてくれ』って、おだやかに言いました。まあ親子みたいな関係は一生続きました」（工藤美代子『一人さみしき双葉山』）

気詰まりないっときはあったであろうが、その後はお互いに大人の対応をした、ということではないか。

澄子との間には長男の経治《つねじ》が昭和十九年に、昭和二十三年には一人娘の博子が生まれる。だが、博子は高校生だった昭和三十九年に病死し、経治も昭和六十三（一九八八）年に四十四歳の若さで死去している。係累という点では経治の娘が二人おり、宝塚歌劇団七十七期生・双葉美樹（二〇〇一年退団）や舞台女優・穐吉美羽がいるものの、いずれも双葉山の没後に生まれたため家族としての接点はなかった。

妻の澄子は極端なマスコミ嫌いで、双葉山に関する一切のインタビューを生涯拒んだまま平成十七（二〇〇五）年、八十八年の生涯を閉じている。

唯一と思われるインタビューは、双葉山が亡くなった昭和四十三年十二月十六日の翌春、雑誌『相撲』に掲載されたものだけである。

澄子は双葉山について、相撲道に極めて厳しかった反面、子供たちには優しい心遣いの人だった、自分には厳格で規則正しい一方、他の人には極端なほど包容力のある親方だったなどと語り、次のようなエピソードを紹介している。

東京が空襲で脅かされていた終戦の前年（昭和十九年）六月に長男が生まれ、ミルクがないものですから、わたしは大阪の実家へ行ったり、九州の太宰府に疎開しました。二十年春は空襲が激しくなり、そのとき貴重品の入ったトランクの鍵を一切預けておいた人がおりました。終戦後、タンスもトランクもすべて空で、何もかもなくなっていましたが、親方はその人を咎めたり責任を問うことはなく「まあ、いいさ」とその方に何も申しません。

また、三月十日に下町の大空襲があって、両国の部屋が焼けてしまった前日、親方の二十組もあった化粧廻しなどを運ぶトラックが手配されましたが、責任者が自分の荷物を先に運んだため、一日違いで全て失ってしまいました。そうしたひどい目にあっても、その人に向かっても蔭でも何一つ悪口も言わず、「あの人の迷惑になるよ」と、自分が面倒をみた人が恩を仇で返すことは微塵も考えず、わたしの愚痴は封じられてしまいました。(『相撲』昭和四十四年三月号増刊、抄出)

農本相撲

双葉山が他の横綱はじめ同時代のどの力士とも違う位置にいた〝実績〟を示す恰好の例として、現役ながらに自分の部屋を持ったという特殊なケースが挙げられよう。

結婚して二年が過ぎた昭和十六(一九四一)年六月、自ら弟子を育成したいという希望が認められ、現役力士としては異例ながら独立した部屋「双葉山道場」を開いた。部屋は両国三丁目にあった粂川親方(元大関・鏡岩)の部屋をそっくり譲り受け、看板を架け替えたものである。

粂川は明治三十五年生まれと、双葉山より十歳も年長ながら二人は気が合う友人で、自らの弟子・不動岩（のち関脇）、鬼龍川（のち幕内）、鏡里（のち横綱）など二十数人を連れて合流した。双葉山の方は立浪部屋の新弟子ら数人ほどを連れて彼らと糾合、ここに新たな双葉山道場が完成したのである。

部屋と名乗らず敢えて道場としたのは、現役であったためとも、相撲道を極めたいとの強い意思があったからともいわれている。

道場を開いてから半年が経った昭和十六年十二月八日、日本は遂に開戦、米英などとの激烈な戦争に突入した。

その戦時下、昭和十八年十月に福岡県太宰府天満宮の隣接地にも第二の双葉山道場を開設する。十八年は全勝優勝を繰り返していたが、最後の優勝のあとに手を着けたのがこの太宰府道場であった。実に六千坪からの広大な土地を購入し、双葉山道場の看板を掲げ、一般の相撲ファンや少年相撲に開放したのである。ちなみに、太宰府天満宮は菅原道真を祀った社として有名で、信心深い双葉山はことあるごとに詣でては絵馬を買い求めていたようだ。

ときあたかも戦況悪化の報せが届き始めたころだった。若い弟子たちの食糧確保、疎開対策と青少年の相撲鍛錬などを一挙に解決したいと考えてのことであった。事実、東京の空襲が激しさを増したころには、妻子を太宰府に疎開させていたことが妻・澄子の先に引いた談話からもうかがえる。

双葉山の夢は職業相撲だけの土俵を持つことではなかった。一般の青少年が鍛錬の場として使える「町道場」の建設にあった。横綱の理想に共感した太宰府の町の人々は、敷地の整備に延べ一万数千人もの人々が勤労奉仕をかって出た。両国の双葉山道場にいた力士たちも、巡業の合間を縫っては太宰府の土俵に上った。戦時下ながら、山林を開墾して田畑を作り、土に親しみながら相撲に邁進しようという理想に一歩近づいていた双葉山部屋の相撲は、いってみれば農本相撲とでも呼ぶべきものだった。戦局悪化の折から、食糧難、勤労奉仕による空腹を満たすという実利にも長けていたのだ。

昭和十九年秋から二十年初夏にかけて、全国各地は米軍による猛爆撃を連日のように受けていた。力士たちの大半は一門ごとに各地に散り、勤労奉仕に明け暮れた。力士会の会長でもある双葉山は、自ら先頭に立って軍需工場へ向かった。立浪部屋から独立した双葉山道場と高砂部屋の前田山（当時大関、のち横綱）一行は、福岡の軍需工場で油まみれになって力仕事に精を出した。羽黒山の立浪一門は山形県で松根油を絞る。安藝ノ海（当時は横綱）率いる出羽海一門は玉川線沿線の軍需工場に、という具合だった。

懐の『大義』

カーキ色の国民服の胸に「穐吉定次」と書かれた布切れを縫い付け、脚にゲートルを巻いた双葉山が八幡製鉄所で荷役に就いていた。鉄鉱石や鉄屑を手押し車で工場内の専用鉄道まで運んでいるのだ。双葉山道場の若い弟子たちも数人、その周囲で同じように汗を拭いながら力仕事に精を出していた。

昭和二十年二月である。北九州の八幡・戸畑・小倉一帯は前年昭和十九年六月に米空軍の無差別爆撃に見舞われ、甚大な被害を蒙《こうむ》っていた。以来、勤労奉仕といえども命の保障はなく、力士たちも覚悟の上での奉仕活動であった。双葉山とその弟子たちにとって唯一の救いは、太宰府道場から自前のトラックで八幡まで何とか通えることだった。戦時体制の統制でガソリンがなくても木炭や無煙炭でトラックは走った。足と食事、睡眠だけはなんとかしのげる環境を双葉山は前もって用意していたのだ。

勤労奉仕の帰路、トラックの助手席に座った双葉山は、国民服の内ポケットから一冊の本を取り出して読んでいた。

表題に『大義』とあり、「杉本五郎中佐遺著」という副題がある。杉本五郎中佐（死後、少佐から中佐に進級）は昭和十二年九月、中国大陸の北部、山西省の激戦地帯で戦死した軍人だ。中隊長だった杉本中佐は、死の寸前まで四人の息子に宛てて遺書として手紙を書き残していたのだ。

この遺稿が当時のベストセラーになっていた。中佐が前線で突撃の際に手榴弾を浴び、斃れたとき、軍刀を杖に立ち上がるや再び号令を掛け、そのままはるか東方の宮城に向かって敬礼をしたまま絶命した、という逸話が残された。加えて、内容が天皇陛下を尊び、天皇のために命を捧げることこそが日本人として唯一の生き方なのだ、と説いている内容が当時の国民、とりわけ青年将校や士官学校生、応召した若い兵、勤労奉仕に明け暮れる者や銃後の女子学生に至るまで死生観へ強い影響を与えた、とされていた。杉本中佐に憧れて軍人になった若者も多い。

汝吾ヲ見ント要セバ尊皇ニ生キヨ。尊皇ノアル処常ニ吾在リ。（杉本五郎『大義』）

杉本中佐が息子たちに説いている内容を意訳すれば「父に会いたかったら尊王に生きることだ。尊王のあるところに、父は必ずいる」となろうか。こうした遺言書は杉本戦死の翌年、昭和十三年五月、平凡社から出版され終戦に至るまでベストセラーになったというわけだ。出版したのは平凡社社長だった下中弥三郎である。下中は終戦後、双葉山や呉清源らとともに璽光尊と極めて重要な関係を結ぶキーマンとなってゆくのだが、戦時中の双葉山はもちろんその予兆すら知る由もない。

双葉山は勤労奉仕の合間や、稽古の合間には幾度となくこの『大義』を読み返していたとされる。ひと言い添えれば、杉本中佐の忠義に感動した作家・山岡荘八は『軍神杉本中佐』（昭和十七年刊）を実話小説として書き、これも多くの読者を迎え入れた。

さらに戦後になって城山三郎が『大義の末』（昭和三十四年刊）という自己体験に基づいたと思われる小説を著し、かなりの反響を呼んだ。いずれの作にもかつての天皇信仰と自己の死生観に関わる重要な鍵が潜んでいる。

双葉山は自分が『大義』の愛読者だったことを書き残してはいない。彼の自叙伝ともいえる『相撲求道録』は戦後十年を経て昭和三十一年に刊行されたもので、翌三十二年には協会理事長になるという時期に書かれている。また、「日本経済新聞」に掲載された「私の履歴書」もまた理事長時代の執筆で、ここでも『大義』の件には触れていない。

立場上からか、何らかの忖度あってのことか不明だが、双葉山は自著で『大義』に触れることも、また、璽光尊について詳細を述べることもなぜか拒絶したまま生涯を閉じた。この重大な体験について、何ゆえに敢えて避けるようにして生きたのか、そこにこそ双葉山の生涯を語る上での鍵が隠されているように思われてならない。

双葉山がこの『大義』の存在を聞き知ったのは、昭和十四年の五月、つまり六十九連勝が潰《つい》え、結婚したころと思われる。刊行から一年あまり経った時期で、先に紹介した友人の中谷清一から勧められたものだ。中谷が早くから安岡正篤と親しかったことはすでに述べたとおりだが、中谷は安岡の弟子筋にあたることから、『大義』の評判は安岡から中谷、双葉山へと伝わったのではないか。ついでながら、愛媛県の宇和島に近い寒村から出て愛媛県の戦後教育（主に日教組との闘い）に生涯を捧げた竹葉秀雄という人物も安岡正篤の弟子で、同じく双葉山とも昵懇だった。

昭和十四年五月に『大義』を初めて手にした双葉山は、その夏、中国大陸の中部戦線慰問巡業に出掛けている。危険な地域だった。

中支戦線の要ともいわれた長江を挟む漢口と武昌での戦いがようやく一段落した夏、双葉山一行が慰問の大相撲巡業にやって来て、武昌に開荷《あけに》を解いたのである。

同じ時期、ベルリンオリンピック（昭和十一年）で三段跳びの金メダリストとなった田島直人が召集されこの地に宿営していた。

私が鉄砲をかついで華中の戦線を歩いていたころ、双葉山一行が戦線慰問にやってきた。昭和十四年の夏で、大横綱として脂の乗り切っていたころである。紹介してくれる人がいて、その晩、私は宿舎に双葉山を訪ねた。（『相撲』昭和四十四年三月号増刊、抄出）

田島との挨拶を終えると、双葉山は荷物の中から『大義』を取り出し、ごろりと横になりながら、熱心に読みふけっていたと続けて田島は述べている。

杉本中佐が戦死した場所は、この武昌よりかなり北に位置する山西省広霊県の山岳地帯だが、双葉山の胸の内では同じ中国大陸にいるのだという感覚が特別なものに感じられたのではないだろうか。

相撲とともに自分がある、それと同じように天皇とともに自分もある――現代からみればやや極端な天皇崇拝主義に思われるかもしれないが、戦時中であってみればごく平均的な感情といって差し支えないだろう。ましてや、天皇賜杯を戴いている大相撲の、その床柱のような存在だった双葉山であってみればなおさらのことだ。彼の中では、おそらく天皇と相撲の二つが、今生きていることの証であり、至福だったのではないだろうか。

ところが、その相撲を支える体力が、昭和二十年になると限界を感じ始めるようになる。勤労奉仕は大丈夫でも、場所が始まると以前のような力が下肢に入らないもどかしさを覚えるようになっていた。

そんな時期に重なって、東京の下町一帯が完全に消滅するほどの大空襲に見舞われる。太宰府の道場にいた三月十日の昼、双葉山は両国の部屋（道場）も築地の自宅も丸焼けになったことを知った。

昭和二十年夏

東京の道場と自宅を消失しただけに留まらず、澄子が語ったように二十組（六十枚）に及ぶ化粧廻しが残らず劫火によって失われたのは痛手だった。近づく五月場所の土俵入りにも差し支える状態だったが、その五月場所までもが三月の大空襲に続く山の手方面を襲った大空襲のため開催延期となった。

もはや、まともに大相撲が開催できるような状態ではなかった。四月から始まった沖縄本島での戦闘が苦境に立たされていることや、陸軍は本土決戦を視野に入れた防衛計画までをも密かに進めているという情報が相撲界にも入ってきていた。

四月半ばのことである。五月場所に備えて太宰府から上京した双葉山一行は、部屋もないため貿易商を営む後援者が所有する東中野の邸宅を開放して貰い、荷をほどいていた。澄子や満一歳にもならない長男を残してのことである。ところが五月二十五日の初日を直前にした二十四日午後から東京・山の手一帯にB－29の編隊と艦載機が来襲、かなりの被害と死者多数（七百六十二人）が出たため、五月場所が一時延期と発表されるという事態となった。

さらに翌日深夜、山の手各地は大規模な爆撃に晒され、双葉山一行のいる中野、杉並附近も軒並み焼夷弾によって焼き尽くされたのである。寄宿していた邸宅にも直撃弾が降り注ぎ、一行は空襲警報発令と同時に必死の消火活動に奔走したが、炎上する宿舎と隣接家屋の炎上は止められず、一同屋敷をあとに退避した。前頭上位に躍進していた不動岩を先頭に、大八車を押しながら青梅街道を下ってゆく双葉山部屋の力士たちを大勢の人が驚いて見ていた。命拾いした一行はとりあえず杉並区高円寺の真盛寺に寄宿していた二所ノ関部屋の元に避難することになった。横綱は防空頭巾に国民服、ゲートルを巻いた姿で、顔は煙に巻かれ真っ黒だったという。不動岩から聞いたそのときの模様を、相撲評論家の池田雅雄が書き残している。

青梅街道を大男一同はすすけた顔で大勢の罹災者に交じってゾロゾロ行進した。「あっ、双葉山も焼け出されたぞ」という声が絶えず周囲でささやかれた。被災者は自分の焼け出されたのを忘れて、我らの英雄双葉山の罹災に同情の声を放っていたと、後に不動岩から聞いたことがある。（「双葉山定次傳」11）

この夜の死者は三千六百五十一人、負傷者一万七千八百九十九人、被害家屋十六万五千五百四十五戸（いずれも警視庁調べ）に及んだ。

双葉山はこのあと、近隣の寺や幼稚園などを転々とし、落ち着かないまま仮寓を繰り返す。五月二十五日の空襲を受け、相撲協会は夏場所開催に苦慮していた。実は、国技館は一年前の二月から陸軍に接収され、アメリカ西海岸まで飛ばそうという風船爆弾の製造工場となっていた。したがって、その後の本場所は神宮球場や後楽園などをその都度借りて興行してきたのだが、もはや観客を集めて興行するような悠長な情況ではなくなっていた。そこで、陸軍の許可を得た上で廃墟となった国技館を再び使うことに決まった。六月七日から非公開で七日間、それも屋根が穴だらけなので晴天の日のみの観客無し、奉納相撲という形式がとられた。軍部ももはや風船爆弾どころではなくなっており、機能していなかったため許可も簡単に降りた。傷病兵だけが招待され、貴賓席に神殿が設けられていた。

令和二年三月、大阪場所において新型コロナウィルスの影響で無観客試合となったのは、それから実に七十有余年ぶり、大相撲史上二度目という事態なのであった。一般客のいないその夏場所で、双葉山は運よく後援者に預けてあった化粧廻しで土俵入りをこなすことができた。太刀持に不動岩、露払いに鶴ヶ嶺を従えた双葉山の土俵入りを各新聞は、皇国日本の必勝を祈願しての土俵入りと書きたてたものだ。

だがこの時点ですでに双葉山の体調は万全でなく、初日に勝っただけで二日目から休場、以後二度と本場所の土俵に上がる日はこなかった。

双葉山一勝六休で最後の場所となった千秋楽は、昭和二十年六月十三日である。このころ沖縄戦における日本軍はほぼ壊滅的状態に陥り、最終段階を迎えていた。六月二十五日が組織的戦闘の終了日とされている。この日、双葉山一門は太宰府の道場に戻った。

もう一度振り返ってみれば、双葉山が横綱に昇進したのが昭和十二年五月のことで、七月には盧溝橋事件が発生し日中戦争が始まった。その後も六十九連勝を挟みながら優勝回数を十二回まで増やし続けていた双葉山だが、同時に日本軍は大東亜・太平洋戦争に突入していった。双葉山が最後の優勝を果たしたのが昭和十八年五月場所である。この場所の直前には連合艦隊司令長官山本五十六が戦死し、悲報が大本営を通じて国民に伝わったのが五月二十一日だ。場所中十日目のことで、国技館では東横綱双葉山を中心にして力士全員が整列、観客とともに黙禱を捧げている。この場所、双葉山は十五戦全勝優勝を果たしているが優勝は最後となった。十九年に入ると体力は下降線をたどり、二十年六月場所を迎えることになる。日本軍も時を同じくしたように十九年六月までにサイパン島陥落、マリアナ沖海戦が完敗と、御前会議で決定された絶対国防圏が破られた時期でもあった。

国民が戦うべき「大義」を見失いかけていたときでもあり、双葉山はあらゆる意味でそうした国民の右代表だった、といって差し支えないだろう。

八月十五日、ポツダム宣言受諾の玉音放送を双葉山は太宰府で聞いていた。六月場所が跳ねるとすぐに太宰府に戻り、一門の力士とともに食糧増産のかたわら、久留米市のタイヤ工場で運送の重労働に専念してきた。重いタイヤをトラックに積んで軍の施設まで運んでいると、上空にグラマン機が襲来、機銃掃射の危険にも晒されている。

八月十二日になると、軍都だった久留米市はＢ－29の襲撃を受け、壊滅状態となった。機銃掃射の合間をぬうようにして太宰府に逃げ帰った双葉山は、三日後、道場の片隅で玉音放送を聞くことになった。双葉山はこのとき三十三歳、昭和天皇は十歳年長の四十三歳である。

引退

土俵は力士の戦場である。直径十五尺（四メートル五十五センチ）の円周の中で勝負を決する。しかも短時間で終わる。そもそも土俵の大きさというものは古来、幾度かの試行錯誤があったようだが、江戸末期から昭和六（一九三一）年までは十三尺だった。ところがその年の天覧相撲（四月二十九日の天長節は宮城内天覧）に際し、協会は力士会に諮った上で十五尺に拡張する。理由は

「試合を複雑にせしめ、痛快の味を増加せんため」だったと大相撲協会史に記録されている。つまり、二尺拡張することで、天皇陛下に土俵一杯の相撲を十分お楽しみいただこう、という趣旨に基づいていたと考えられる。土俵が狭ければ、勝負はどうしても早くつく。広ければガップリ四つに組んだ力相撲が多そうだ。多くの力士たちは十五尺が技の出し合いには最適な広さで、かつ一番見応えがあると考えていた。

ところが昭和二十年十一月の戦後初の場所を前に、GHQ担当官からさらに拡大せよとの指導があった。「土俵は広いほうが面白い」という単純な理由からだ。相撲協会がこの指導に安易に妥協し、十六尺に拡張する案を実行しようとしたため、力士会が反発した。特に双葉山は力士会を代表して拡張に猛反対している。この協会との悶着が双葉山の引退時期に重なったため、体力の限界説に加え、協会への不信感が引退理由ではないか、と後々までいわれ続けた。

メモリアルホールでの戦後初の場所は十日制で実施され、双葉山の名も番付に載っていた。だが、全休で終わった。体調面からだけの覚悟の全休にしては番付に載っている点からみても直前まで迷いがあったように見受けられた。翌日の新聞各紙も、体力的に現役横綱としての権威と名誉を維持できない時期にきたというのは表向きの理由で、実は土俵拡張問題をめぐる「相撲民主化」について協会と意見を異にした点が根にある、というものだった。千秋楽の前日、十一月二十五日の引退声明となったのだが、内容はおおむね以下のとおりである。

興味本位なら土俵を大きくすれば、なるほど勝負が長引き、興行価値があろう。それならレスリングや拳闘と取組ませればもっと面白い。極端に言えば、相撲取りと猛牛をとっ組ませれば儲かること請合いだ。狭い土俵で鍛錬研究した妙技を競うことこそ純正相撲の第一歩だ。景気の良いことがいつまでも続くとも考えられぬが、金儲け主義ばかりに走ることは邪道である。（「朝日新聞」昭和二十年十一月二十六日、抄出）

この場所は立浪部屋の羽黒山（横綱）が全勝優勝を果たして無事千秋楽となったが、翌十二月から国技館はGHQに完全に接収され、翌年からの場所開催の目処はまったく立たなくなった。つまり、引退声明を出したものの、双葉山の引退相撲の日程など、とても決められる状況ではなかったのだ。

双葉山は敗戦後初の正月を太宰府天満宮詣でで迎えるべく、弟子を連れて家族のいる太宰府道場へ帰って行った。鉄道事情が一層悪化していた昭和二十年の暮れである。

人間宣言

太宰府天満宮から広がる山林や田畑を眺めていると、戦争もあの空襲さえも忘れさせるような静けさが漂っていた。国土とは美しいものだと、双葉山はつくづく思い知っただろう。その地で昭和二十一年の元旦を迎え、妻の澄子、幼い長男とささやかな祝いの膳に向かいながら元旦の新聞を手にしたとき、双葉山はわが目を疑った。「天皇、現御神《あきつみかみ》にあらず」という大見出しが飛び込んできたからだ。新聞の見出しは何本か立っており、「年頭、国運振興の詔書渙発《かんぱつ》」「平和に徹し民生向上」などという大きな活字が並んでいる。

続いて囲みの中に「詔書」の全文が載っていたが、読み進めるうちに双葉山はさらに衝撃を感じた。詔書の前半は明治天皇の「五箇条の御誓文」から引かれたもので、ここに違和感はなかった。明治天皇の御言葉を礎にして戦災からの復興を成し遂げてゆこう、という国民を鼓舞する趣旨が続く。問題はその後に書かれていた文言だった。

朕《ちん》ト爾等《なんじら》国民トノ間ノ紐帯《ちゅうたい》ハ、終始相互ノ信頼ト敬愛トニ依リテ結バレ、単ナル神話ト伝説トニ依リテ生ゼルモノニ非《あら》ズ。天皇ヲ以テ現御神トシ、且《かつ》日本国民ヲ以《もつ》テ他ノ民族ニ優越セル民族ニシテ、延《ひい》テ世界ヲ支配スベキ運命ヲ有ストノ架空ナル観念ニ基クモノニ非ズ。

(「朝日新聞」昭和二十一年一月一日)

双葉山は読み進めるうちに、「天皇ヲ以テ現御神トシ」と、これまで自分が拠りどころとして戦争を通過してきた価値観が、「架空ナル観念」だと断じられてしまった部分にきて思わず我が目を疑った。「神」だったのは「架空」だったのだと天皇自らがおっしゃっているではないか。

新聞を閉じると書棚から『大義』を取り出してみた。勤労奉仕のときも肌身離さず、本場所の開荷の中にも、地方巡業にも持ち歩いてきた冊子だった。その冒頭にはこう書いてあった。

天皇は、天照大御神と同一身にましまし、宇宙最高の唯一神、宇宙統治の最高神。（杉本五郎『大義』）

中谷清一や安岡正篤から教えられた『大義』に書かれている言葉が、根底から天皇自身の詔書によって否定された瞬間であった。

のちに天皇の「人間宣言」と一般的にはいわれたものである。

「人間宣言」詔書の原文起草から発動までを指揮していたのはGHQ内部のCIE（民間情報教育局）という部署だ。その名が示すように、宗教や教育にかかわる情報操作を担当する部局だった。昭和二十一年当初の初代局長はカーミット・ダイク准将で、二十二年からはドナルド・ニュージェント中佐が指揮を執った。これを「神道指令」といい、その詔書起草の経過をざっと見ておけば、おおよそ次のような流れだった。

ダイク准将の下でヘンダーソン教育課長、ウィリアム・バンス宗教文化資源課長らが起草案を作成、提出されたのは昭和二十年十二月十五日とされる。彼らは石渡荘太郎宮内相や幣原喜重郎首相を介して神道指令発令を宮中に迫った。当時の天皇側近、侍従次長・木下道雄の記録によれば、十二月二十三日の日記の末尾に、

ダイク―ブライス―山梨―石渡―○―幣原―鈴木（木下道雄『側近日誌』）
大詔《たいしょう》渙発《かんぱつ》。

という名前の列がある。ダイクはCIE民間情報教育局長、ブライスはレジナルド・ブライスといって、日本通のイギリス人で日本人女性と再婚していた文学者。ちょうどこのころから学習院に就職し、バイニング夫人来日までの間、皇太子（現・上皇陛下）の英語教師も受け持つなど、GHQと皇室の間を取り持つ役割を演じていた人物である。山梨とは学習院院長の山梨勝之進で元海軍大将、石渡は宮内大臣、○は天皇を指し、その後幣原喜重郎首相、元首相で天皇に信頼の厚い鈴木貫太郎へと大詔渙発（詔《みことのり》を発布すること）の準備の流れが動いたことが分かる。このようにみれば、二十一年元旦に発せられた詔書「人間宣言」は日本政府、ましてや天皇の意思によるものではなく、完全にGHQ主導によるものであった事実は明らかだ。この時期、マッカーサー元帥はすでに天皇制度を残しながら占領政策を進めたほうが得策である、との結論に達していたが、もちろん天皇も政府関係者もまだ誰一人知る由もない。ましてや国民一般、相撲道ひと筋だった双葉山にその片鱗すら分かろうはずもなかった。

双葉山は元旦の新聞を読んで驚いたと共に「やっぱり敗戦国だから仕方ないのか」と一般国民と同じ感情を抱いて嘆息したのだろう。

「神道指令」を発するほどの実権を握っていたＣＩＥの活動に対し、日本側の警察は占領軍の顔色を窺いながらも治安維持や混乱収拾といった名分のもとに独自の捜査を続けていた。ややもすれば一気に無原則的になりがちな宗教活動への警戒心があったからだ。

戦死力士

双葉山は『大義』を多くの力士仲間や弟子にも勧めてきた。そして、その中には戦地で斃れた友、まだ復員を果たしていない力士、東京大空襲で焼死した力士、大陸へ応召し、痩せ細った肉体のまま土俵に上がろうとしている力士、そしてその家族たちがいた。彼らの顔が次々に浮んでは消えていく。

とりわけ、双葉山は自分が全盛期のころ二つもの金星を提供してしまった相手、豊嶋《とよしま》（最高位関脇）のことが忘れられない。

昭和二十年三月十日払暁の東京大空襲で、その豊嶋のほかに松浦潟《まつらがた》（最高位小結）が戦災で死亡した。

豊嶋の遺体が発見されたのは、隅田川の吾妻橋と駒形橋の中間附近だった。元力士として同じ出羽海部屋所属で親しかった小島貞二は、後年相撲ライターとなり次のように書き残している。

棒っ杭《くい》をしっかりと摑んだまま、川の中から首から上を出し、かぶった防空頭巾がズレて、そこからチョンマゲがのぞいた形で、息絶えていたという。豊嶋は隣組の防火団長をやっていたから、かなりの時間、火魔と闘っていたらしい。頭巾は半分焦げていたが、鼻の先と指の一部に、火傷のあとをとどめる赤い斑点がわずかに見られたが、体のどこにも傷はなかった。（小島貞二『本日晴天興行なり』抄出）

豊嶋の真骨頂は押し相撲であった。入幕二場所目（昭和十七年一月）、前頭五枚目で横綱双葉山に初挑戦、横綱を押し出しで破っている。そのときの双葉山はこの一敗だけで十四勝一敗で優勝した。さらに豊嶋自身の引退場所となる十九年十一月場所の初日双葉山とあたり、下手捻りで二度目の金星を挙げている。ほかに関脇以降の双葉山を二度破った力士は五ツ嶋（大関）と照国（横綱）など極めて少ない。

松浦潟は本所千歳町の棟割長屋の一軒に新婚間もない妻と住んでいた。すぐ裏が堅川《たてかわ》で、普段は商いの船が行き交うだけの静かな川だが、大空襲時には多くの避難民が飛び込み亡くなっている。警防団員だった松浦潟もしばらく防火活動に奔走していたが、いよいよ火が廻ると身の回りの物を荷車に積んで深川方面に走ってゆくのを近所の人が見ている。以来消息は猛火の中に消えたままだったが、やがて大柄な焼死体が発見され松浦潟だと身許が分かった。

もうひとつ紹介すれば、双葉山は吉葉山（のち横綱）の苦労についても忘れることができない、と『私の履歴書』の中で書き残している。

吉葉山は新弟子のころからの有望力士で出世も早く、昭和十七年五月に幕下優勝、十両上位に上がった直後に召集令状を受け、中国大陸の戦場に向かう。そこで大陸を転々としたまま終戦を迎えた。だが、華南で捕虜生活を送り、復員したのは昭和二十一年六月だった。約四年に及ぶ軍隊生活は彼の二十二歳から二十六歳までで、力士としては極めて貴重な歳月を兵隊として過ごしたわけだ。その上、復員した吉葉山はすっかり痩せ衰え、とても相撲を取れる体ではなかった。体重も新弟子当時と同じ二十貫（七十五キロ）まで落ちていた。そこで彼は手を尽くして手当たり次第食べられる物は何でも食べ、一年休んだのち二十二年六月、復帰の土俵に上がることになる。

昭和二十一年春以降、生き残った力士たちは本場所開催が決まらない状況で、一門ごとに全国各地を巡業して廻っていた。

九州一円で単独巡業を打っていた双葉山一行は、その後東北地方へ向かっている。米穀通帳と外食券（米の統制下に使用された食券）持参の巡業だが、食糧の補給は何とかなった。「双葉山一行来る！」「双葉山の土俵入り」といったチラシや看板さえあれば、どの地でも力士たちの食料に困ることはない。米が足りなくても芋も小麦粉も農家のファンが持ってきてくれたのだ。

その年の八月、一行は青森県の八戸で開荷を解いた。そして、冒頭で述べたように双葉山はこの地で画家・七崎安太郎に出会い、次のように説得されたのだ。

「横綱、呉清源先生と是非お会いになってください。呉先生は大変に信心深い立派な方で、いま評判の璽宇教団の璽光尊《じこうそん》という女神サンと昵懇《じっこん》にされています」

両国ホテルにやって来た呉清源から璽光尊詣でを熱心に誘われたのはそれから三ヵ月ほど経った昭和二十一年十一月十六日のことである。

第二章　天皇を超えて

教祖誕生

明治三十六（一九〇三）年四月二十二日、岡山県御津郡江与味村《えよみそん》（現・久米郡美咲町江与味）の農家、大沢幾松・カツの五女として長岡良子《ながこ》、のちの璽光尊は生まれた。本名は大沢奈賀（ナカとも）という。

現在では自治体の吸収・合併によって、当時の江与味村で大沢家を知る資料はほとんど見当たらない。生地は岡山県でもかなり山奥の寒村といっていい。

今日となっては美咲町役場、同中央図書館で調べても大沢奈賀、後年の璽光尊の名を知っている関係者は一人も見つからなかった。唯一、大正二年、江与味村伊吹小学校高等科一年終了の名簿に大沢奈賀の名が残っていた。おそらくこれが彼女の最終学歴修了を示す記録と思われ、この村で彼女が生まれ育った事実を語る数少ないよすがでもある。

奈賀はその後、岡山県後月《しつき》郡井原町（現・井原市）に出て、その町の眼科医で見習い看護婦として働き始めた。幼いころから頭脳は明晰で、学校の成績も優秀だった、と後年彼女を診た精神科医の秋元波留夫（当時金沢医大教授）は語っている。

奈賀は二十歳のとき神戸に出て夜間の看護学校で学んだのち、再び神戸の眼科医院に戻る。この前後に肺結核に罹り、精神的な主柱を求めたのかしばしば禅宗の寺院に通う。ごく一般的な信仰心が芽生えたのはこのころであろうか。やがて病が癒え、昭和三（一九二八）年、二十五歳で日本郵船社員の長岡貞夫と見合い結婚する。この時点で本名・長岡奈賀となる。夫の勤務上横浜へ転居、さらに東京・蒲田に移住。ところが結婚後は三ヵ月に一回くらい高熱を発し、発作を起こして仮死状態に陥るようになった。昭和八（一九三三）年には原因不明の高熱が続き、東大病院で診てもらったところ一種の小児麻痺と診断され、それが原因で神がかりが生じるようになる。平凡な船員の妻は間もなく祈禱師に変身するのである。ここから先、奈賀が神示を受けるようになるまでの経緯は宗教社会学者の對馬《つしま》路人《みちひと》（元関西学院大学教授）氏の論文に詳しい。

神がかりがこうじるようになり、彼女は夫婦生活も嫌い、夫に離縁を迫るようになった。この時点で既に彼女のまわりには、その霊能をしたう人々のサークルが形成されつつあった。後に璽宇の最高幹部として活躍し、最後まで璽光尊につかえ、璽光尊帰幽後、璽宇を実質的に主宰している勝木徳次郎（照観世音）も、この頃から彼女のもとに出入りしていた。夫は妻の側からの離縁の申し出もあり、またたまに船旅からもどっても、いつも信者が家に押しかけていて、家庭生活どころの話ではなく、結局、昭和十年頃より別居するに至った。（「敗戦と世直し――璽宇の千年王国思想と運動」関西学院大学社会学部紀要等63号、87号、以下「對馬論文」）

ごく平凡な船員の妻は突然神憑《がか》りとなった。良子は病床から発した霊能者への経緯と思想的背景の基礎を形成したと思われるパンフレットを昭和十八（一九四三）年に刊行している。

その日病床におりました私は、病遽《びょうきょ》に革《あらたま》り、つひに、正午……霊界（天上界）に召されてまいりました。

そして……それから四時間と十五分にして又、この現象界（地上界）に呼び戻されたことであります。……このとき次のような御啓示を頂いたのでございます。

〈永劫不変の真理を説いて、衆生を済度し、非常時国家につくせ〉と。このような重大な使命を負ひました私は、全く〈没我〉〈無私〉となり……（長岡良子述「真の人」）

この頃の彼女の信仰は弘法大師への信仰を中心とする真言密教的色彩の強いものであった。ただ、当時は教団組織と言えるようなものが形成されていたわけではなかった。東京の蒲田に住んでいたことから「蒲田の（有徳の）奥様」と呼ばれていたが、こうした呼び名からも推測されるように、その宗教活動のあり方は、人から依頼を受ければ、霊能により病気直しなどをするといったものだった。インフォーマルで個人的な救済活動を中心としたものだ。

「對馬論文」はその活動が東京の一隅に留まることなく拡散していたとみる。

それでも信者は東京、横浜といった地元にとどまらず、金沢を中心とする北陸、北海道や青森など各地に散在するようになっていった。（「對馬論文」）

金沢方面には大本《おおもと》の信者がもともと多かったとされ、璽宇が金沢に本拠を移すのもこのころ勝木が得た縁からという可能性が考えられた。蒲田時代からの数年間は日本が満洲事変以降、中国大陸や満洲で軍事、経済の足がかりを摑むと同時に、すでに中国各地で足場を作っていたイギリス、フランス、ソ連、アメリカ等と利権上の確執が膨張せざるを得なくなる時代と符合する。

そしてこの期間、とりわけ昭和十一年ころから十六年にかけては、第一章で述べたように双葉山が六十九連勝を果たし、一代の名横綱として人気絶頂を極めていたときでもあった。六十九連勝がスタートした時期と二・二六事件勃発が符合するのもひとつの因縁といえそうだ。双葉山自身は気づかぬまま生涯を閉じたと思うが、二・二六事件収束に重要な役割を演じた陸軍省高級将校が後年になって璽宇の幹部信者となるのだが、それについてはのちの章で触れたい。

さて、〝蒲田の奥様〟がサークルレベルながら霊能者として名を上げ始めていたころ、峰村恭平という鉱山開発事業に成功してひと旗挙げた男が篁道大教《こうどうたいきょう》という宗教サークルを主宰し、東京の四谷愛住町に拠点を置いて活動していた。彼は大本系神道の行者でもあった。

篁道とは国民が天皇に奉仕する道という意味で、峰村は鉱山開発そのものを宗教活動の一環と考えていたようだ。大陸で広がる戦火に必要な地下資源物資を確保することは天皇に帰依することと考えられたからだ。しかし、しょせん鉱山とか山林というものは「山師」と言われるように詐欺まがいの商法が横行する世界だ。宗教団体はしばしば狙われやすく、かつ、経営リスクの振れ幅も大きかった。

この篁道大教に、世界紅卍字会《せかいこうまんじかい》活動の仲間で菊花会という心霊研究所を主宰していた小田秀人、東洋人留学生のための学校を開設した大嶋豊（のちの東洋大学学長）、さらに彼らとともに紅卍字活動（宗派としては「道院」）をしながら昭和十一年に日本に帰化した著名棋士・呉清源らが相次いで合流する。昭和十六（一九四一）年のことで、ほぼ同時にサークル名の看板が篁道大教から璽宇に変わった。

そのさ中に峰村、小田、大嶋らが陸軍大将（予備役）の真崎甚三郎宅を再三訪ねていたことが真崎の日記にあらわれる。真崎は言うまでもなく、荒木貞夫（陸軍大将、予備役）とともに皇道派青年将校の黒幕とも目されてきた人物だ。二・二六事件の裁判も終わり、真崎は無罪とはなったものの、すでに陸軍内での主導権は完全に統制派の東條英機に握られていた。一介の予備役に過ぎない真崎に彼らは何をすがったのだろう。それでも峰村たちは人脈をたどり、暗雲立ち込めてきた鉱山事業の難題克服への協力を仰ぐべく接近したようだ。真崎の日記である。

（昭和十六年）二月十九日　小田秀人十三時ニ来訪。赤坂丹後町デ峰村某事業ニ失敗シ、信仰ノ後押シノ啓示ヲ得ルニ至リシ事毎ニ驚クベク適中ストテ、予ヲ引出シ一度現状ヲ視察セシメントセリ。予ハ俄カニ信ジ難ク、承諾ヲ与ヘズ。
三月六日　只左氏明日ヨリ北支ニ赴クトテ挨拶ニ来リ。峰村某（小田氏ノ勧メシ者ト同人）ニ会見ヲ勧ム。関田君ハ、田中ハ大川（周明）ト縁切レズ、見込ミナシと慨嘆シアリ。
六月二十七日　例ノ神憑《がか》リニテ峰村某並ニ名古屋ノ安藤辰巳氏等ノ神憑リト会見シタルモノノ如ク、秋田ノ森林ヲ開ケバ地下ニ財宝アリトカ、安藤ハ岐阜ニ大油田アリトカ其ヲ信ジアルガ如ク。暗ニ深入リヲセザル様戒メモ通ゼシ風ナシ。（『真崎甚三郎日記』第五巻　昭和十六年一月〜昭和十八年四月、抄出）

真崎は一応の戒めは言ったようだが、もはや距離を置くしか手立てはなかったというのが本音ではないか。統制派破竹の勢いの中で、かつての皇道派陸軍上層部が出る幕はなかったとみるべきだろう。

敗戦前夜

璽宇の創設者だった峰村恭平は、戦況悪化と比例するように体調を崩すことが多くなっていた。鉱山事業が経営破綻をきたしたことも大きかった。信者からの信望は次第に長岡良子に移るようになり、指導者の交代は決定的なものとなった。良子たちは昭和二十年三月の大空襲で横浜や蒲田を焼け出され、勝木徳次郎、呉清源夫妻らとともに四ツ谷の峰村家に住み込んでいたが、ここも同年五月の東京山の手大空襲で焼失、信者は行き場を失ってしまう。病身の峰村は事実上璽宇から離れ、山中湖畔の別荘に疎開することになった。長岡良子らは信者多数とともに、大田区鵜ノ木の岩崎邸を振り出しに、世田谷区松原から小金井、さらに杉並区関根町の邸宅へと放浪（璽宇では遷宮《せんぐう》という）することとなる。

したがって、峰村が隠遁した昭和二十年五月の東京大空襲以降が長岡良子主宰による璽宇の活動期間開始ということになろう。そのスタート期は日本の敗戦前夜でもあった。

二十年五月三十一日、寄留先の大田区鵜ノ木でのことだ。巫女を務めるようになっていた呉清源の妻、中原和子の筆を通して次のような神示が降りた。

浄地ニ浄人ヲ集メテ浄業ヲ建ツ

神ハ不浄ヲ捨テサレトモコレヲ許サス

汝ラノ発足ハ真ニ滅私ヨリ始メテ以テ天下ヲ靖スヘシ……（「對馬論文」）

意味するところは、長岡良子を軸とした新しい璽宇の発足宣言ということであり、この神示を受け敗戦直後の二十年十一月十五日、璽宇は小金井において正式な結成式を行った。この神示が出た二ヵ月半後に日本は降伏、マッカーサー元帥の東京入城とGHQによる支配から神道指令へとつながって、昭和二十年が終わり、二十一年初頭の天皇による人間宣言へとつながるのだ。

神示の頻度をみてみると、昭和二十年五月三十一日以降毎日のように発せられるようになって、日によっては一日四、五回も出ることがある。ノートに書き写された神示は半年後の二十年十一月末でほぼ終了している。つまり、金沢遷宮直前で終わっているのだ。金沢での日々が忙しすぎて筆写する時間もとれなかったとも考えられる。

だがこれまでの約一年の間に筆写された神示は大学ノートにびっしり、約四十冊分もあったというから大変な量で、しかもその内容は多岐にわたっていた。

神による世直しの構想から、世直し後の社会のあり方に関する青写真に到るまで、神による国家、民衆の救済を述べた神示がその中核をなしている。神示絶対原則の下で信者たちが下される指令のまま振る舞っていたことは明らかである。

このような神示は、すべて巫女を務めた中原和子・叶子《みつこ》姉妹を通して下された。神前で璽光尊が祈りを捧げ、頂点に達すると和子に神仏が降臨し、叶子が差し出す半紙の上に筆で神示を著すというものだった。神示の場における霊的な主導権は璽光尊ということになろうが、とはいえ、璽光尊自身が直接語ったり、書いたりしたわけではない。あくまでも巫女役を通じて出され、出された結果には璽光尊自身も従わねばならなかった。

「皇后の従姉妹です」

ここまで璽光尊のことをしばしば長岡良子《ながこ》と書いてきたが、これは通称であって戸籍上の本名は大沢奈賀《なか》、結婚後は長岡奈賀である。日本郵船社員の長岡貞雄と別居状態に入っていたが籍が抜けたのは戦後しばらく経ってからのこと。昭和二十一年五月一日の霊寿元年をもって璽光尊を名乗るわけだが、本名は戦後しばらく経って離婚するまで長岡奈賀だった。

もともと彼女は自分の出生に関して多くを語っておらず、不明な点が少なくない。謎に包まれてきた出自なのだが、本人によれば大沢夫妻は養父母だったと語っている。

本当の両親は、なんと備前岡山藩の池田詮政《のりまさ》侯が父で、皇族の久邇宮《くにのみや》家から降嫁した女性が母なのだと。ただし、母は精神に異常をきたしたため座敷牢に入れられ、ゆえに自分は捨てられそうになったのだが、故・頭山満《とうやまみつる》（玄洋社を創設、国家主義運動の巨頭）翁にこっそりあずけられた末、岡山の寒村に住む大沢家の養女となった、というのだ。したがって、自分は昭和天皇の后である良子《ながこ》皇后（のちの香淳皇后）の従姉妹にあたる、とマスコミにも発言している。本名の奈賀を語らず良子《よしこ》とも読ませず、皇后と同じ良子《ながこ》を名乗っていること自体がややもすれば畏れ多いと思われがちだが、璽光尊は当然のように振る舞っていた。この話を裏付ける証拠はあがっていないが、ただ、そうした人物や時代考証といった点ではまんざらウソと決め付けられないような背景だけは整っているから奇妙な話ではある。その関係性を見ておこう。

侯爵池田詮政は備前岡山藩の最後の藩主・池田章政の次男として生まれたが、家督を継ぎ岡山藩池田家の第十三代当主となった。ちなみに長女・博子は細川護立（旧肥後熊本藩第十六代当主）に嫁し、細川護熙元首相の祖母にあたる。その池田家へ嫁したのが久邇宮家二代当主・久邇宮邦彦《くによし》王の妹にあたる安喜子《あきこ》女王なのだ。安喜子女王の兄・久邇宮邦彦王の長女が良子女王、すなわち昭和天皇の皇后陛下で、仮に璽光尊が安喜子の娘であれば皇后の従姉妹という関係となる。明治三年生まれの安喜子が結婚したのが明治二十三（一八九〇）年、明治三十六年四月に璽光尊が生まれているので母が三十二、三歳で産んだことになる。なお、良子皇后も同じく明治三十六年の三月生まれで、わずか一ヵ月違いの従姉妹というのも、もし事実であれば奇縁ではある。いずれにしてもここまでの話が本当なのかどうかは確証がなく、調査のしようもないのだが本人は度々そう公言しており、特に次に紹介する談話は社会的にも話題をさらった。

母は久邇宮家から岡山の池田侯に降嫁した人で、神通力を得たが精神病者の扱いを受けて座敷牢に入れられ、彼女はこの牢の中で生まれ、捨てられたのを故頭山満翁にこっそり育てられたという。前から弘法大師を信じたりしていたが、終戦前、不敬罪で二度、警視庁に検挙されたことがあり、終戦後、天照大神が世直しのため世に降された聖者としての覆面を脱ぎ、自ら璽光尊と称するに至った。（「朝日新聞」昭和二十二年一月二十日）

「私の母は皇族の出でして、父は華族でした」との発言は本章後半で紹介するように「アサヒグラフ」の記者にも語っている。この新聞記事発言の約二ヵ月前、まだ杉並区関根町に璽宇本部があったときだった。その関根町から璽宇一行は北陸・金沢への遷宮活動を開始していた。

神示

両国ホテルのロビーで呉清源を見送ってから、双葉山は一人で考え込んでいた。この年頭に新聞で読んだ天皇陛下の詔書のことが頭から離れない。天皇は神ではなくなったのか。〈今日から人間になる、神だったのは架空の観念だった〉と仰せられても、それでは死んでいった兵士や、大空襲で焼け死んだ力士たちは救われないのではないか——双葉山の心中は至極収まりの悪いまま時間ばかりが経っていた。

昭和十一年以降、十二回授与された天皇賜杯も、自分では戦地慰問に行くのと同じような思い入れで戴いたものばかりだった。賜杯は「神」そのものだったからだ。戦争に負けたら、あれは「架空の観念」だったと新聞は報じているが、双葉山の頭の中は混乱していた。

だが、このような個人的な感情を兄弟弟子や相撲界の親方連に相談するわけにはいかない。

自分だけの、個人的な〝悩み事〟として収める以外に仕方ないものだという理屈は分かっていた。

そうした折、夏巡業で出会った八戸の画家・七崎安太郎から初めて勧められ、ここにきて呉清源からも是非会って欲しい、といわれた女性神様・璽光尊とは果たしてどんな神様なのか。若いときから信仰には格別の関心を寄せてきた双葉山の気持ちは揺れ動いて落ち着かない。もはや、神と信じていた天皇がおわさない以上、「大義」を失ったような感覚といってもいいだろう。両国ホテルの帰りぎわ、呉清源は世直しのために遣わされた璽光尊という神様についてこうも言った。

「こういうみじめな敗戦のなかにも、日本の再建をみちびく偉い人がいる！　天照大御神の御神示をつたえる、万物の象徴のような人がいる！　是非一度おいで願いたい」（時津風定次『相撲求道録』）

呉清源に会ってから十日ほど経った昭和二十一年十一月二十七日夕刻、双葉山は遂に璽宇本部を訪ねる決心をした。璽光尊が主宰する宗教団体の本部は璽宇というのだと聞いた。璽宇教とは言わないとも。

呉清源から教えられた屋敷は中央線西荻窪駅北口から徒歩十分足らずと、思ったより近かった。小さな商店街を抜けると、あたりは鬱蒼とした木々に囲まれ電灯だけがぼんやり闇を照らしていた。上京していた妻・澄子も同道させたと本人が述べているから、ここまで夫婦揃って思案を繰り返した上での決断だったのだろう。

璽宇は終戦の年の十月末、都心からはだいぶ遠隔地だった都下小金井町西台一六二一六（当時は東京都北多摩郡）にある大井包高《かねたか》（画家、ジャーナリスト）という呉清源知り合いの屋敷を借りた。そして十一月十五日、璽宇として正式な結成式を挙げたのだった。初めは「長岡」の表札を掛けていて近隣からも長岡夫人と呼ばれていたが、結成式以降は表札が璽宇に変わった。

そこは敷地が三千坪もある旧家で、家主の夫人が璽宇のシンパだった。結成式が済むと、荘厳な門構えの前にまず「天璽照妙」の幟を立てた。こうして屋敷を借り切ると璽光尊自身は母屋の床の間付きの広い和室を居室とし、大井夫妻を狭い茶室に追い込んだ。そこを教主の身勝手とみるかどうかは互いの信頼関係に依るしかないのだが、璽光尊の場合にはこれまでどの屋敷を借りても毎回そのことで最後は揉めていさかいに発展し、追い出される破目になるのだった。

璽光尊にはある信念があって、皇居となるべき屋敷は「借家」ではなく、家主が璽宇に対して進んで「奉還」、つまり神に返す意味で寄進しなければならないものと確信していた。

ほとんどの場合、屋敷は呉清源が自身の名声をたよりに探してくるのだが、この大井邸も例外ではなかった。結局、三ヵ月余りで大家から転居を迫られ、追い出された挙句に呉が探してきた杉並区関根町に居を移したのである。双葉山はもちろん、そのような裏事情を知らない。

そもそも璽宇という団体名を名乗ったのは鉱山実業家でもあった峰村恭平だった。すでに述べたがそれが昭和十六年で、四年後に組織をそっくり継いだのが長岡良子である。彼女の口から「璽光」という言葉が初めて出たのは昭和二十年六月二十二日のこととされる。天皇による終戦の詔書放送まで、わずか二ヵ月足らずという混乱のさなかだった。

璽光については對馬路人が以下のように述べている。その冒頭に引かれている教団内部の資料は、巫女役の中原姉妹（和子と叶子）らが璽光尊の「御神示」（巫女が神から伝えられたこと）を筆写したもので、璽宇の思想や行動を示唆する重要な文書（御神示謹書）とされる。神に仕えて神楽や祈禱を行い、また神託を告げる女性が巫女である。

神示に初めて「璽光」という言葉が出るのは六月二十二日である。
『長岡良子ハ既ニ汝ラノ導師ナラスシテ世ヲ救フ神ナリ　称号ハ須クコノ意ヲ体スヘシ……現幽両界ニ於ケル果ヲ先導セル璽ノ光ナリ　救世ノ仏ナリ』（「對馬論文」）

璽宇発足後間もなく、長岡良子を救世主と仰ぎ、璽光と呼ぶ慣習が始まった。さらに別の神示（七月十六日）によれば、璽光は「皇威維新」と呼ばれる世直しの中心となる「聖仁」にあたり、璽宇はその下で滅私奉公する勤皇の志士が集まった場所とされ、璽宇における璽光の絶対的権威やリーダーシップが確立されている。

戦争に負けたとはいえ、この段階では生き神様である璽光は、現人神たる天皇を補佐することで皇祖伝来の皇威を守護すべき立場であると自覚していた、という意味だろう。八月十六日、大詔渙発の翌日にはさっそく次のような神示が発せられた。

反リミテ現局ヲ見ルニ何人カ真ニ滅私勤王ノ権化タルヤ。時流ニ任セナハ皇国ノ安危ニカヽレリ。天照皇大神コレヲアハレミ給ヒ、ココニ一人ノ聖仁ヲ天ヨリ下シテ、コレヲ救ハシメ給ヘリ。コレヲ以テ璽宇ノ中心トナシ……（「御神示謹書」）

この時期まで璽光尊は現人神である天皇を補佐し、世界の安寧をはかるため天から下された聖仁（璽光尊の意）、すなわち生ける神であり、璽宇こそがこれを実行する中心の家だと主張していたことが分かる。

ある意味で、璽光尊は敗戦という現実を無視し、さらに一層「神州不滅」の信念を固めるに至ったのだ。彼女の皇室に対する尊崇と護持の念はさらに激しくなり、皇室に関する多くの言葉が当時の神示の内容を埋めている。

折から璽宇は本部を順調に正式発足させたにもかかわらず、小金井の屋敷から退去を家主に迫られ、二十一年二月末には本拠を東京都杉並区に移すという慌しい事態となる。ただし、璽宇では引っ越しなどとはいわず、住居の移動を遷宮《せんぐう》または奠都《てんと》と称した。これも神示に基づくものである。遷宮といっても、実態は大八車とリヤカーあわせて六台ほどに解体した祭壇や布団などを山のように積んでの移動なのだが。

璽宇の璽とは神または天子の印《しるし》、つまり天皇の印章などを意味し、宇は家という意味なので璽宇とは天皇の御印がある家、すなわちここが真の「皇居」だ、という解釈である。御印を意味するものは絶対神たる天照大御神であって、璽光尊こそが女体をもって天照大御神ならびに万界の統治者天照皇大神の代わりにお降り遊ばした方だというのが彼らの認識だ。

そうなると、ほんのひと月半ほど前に発表されたいわゆる「人間宣言」との整合性がつかなくなる。そこで璽光尊は、昭和二十一年元旦の年頭詔書発表直後に自身の根本的な立ち位置を改めることになる。この段階では、呉清源も双葉山もそのような詳細は何も知らされていない。

新たに本部となったのは杉並区関根町七十七番地にある地元の大地主、小俣新五左衛門邸を借り切った豪壮な邸宅だった。璽宇は法人手続きをとらないまま新天地で宗教団体としての体裁を整え、宗教活動に専念してきた。

この地はかつて用水路だった善福寺川の堰《せき》が転じて「関」となったとされるが、確かに屋敷のすぐ脇からゆるい下りになって善福寺川につながっている。およそ六百坪の敷地内には幾棟もの家屋が並んでおり、部屋数は三十近い。

さらには福祉事業とでも言おうか、食糧難の困窮者に向けて広い内庭を開放、白米粥を振舞ったり、近隣住民に精米を配るなどの活動もしている。時には皇居前まで出掛け、宮城参拝者たちにも白米粥を振舞うこともあった。恩恵を受けた人々には、まさに「復興期の神」出現と思われたに違いない。

新宗教の教団本部を、双葉山がどのような心境で訪ねたのか、まず資料をもとに検証してみよう。

璽宇詣で

今回当時の璽宇内部の事情を知るために取材を重ねる中で、私は璽宇本部で書き残された貴重な資料を入手することができた。幾つかの重要資料が手許にあるが、中でも璽宇の最高幹部だった勝木徳次郎が書き残した「璽宇と双葉山の関係」（以下「勝木手稿」）という手書きの文書（四百字換算で原稿用紙七十五枚ほど）は詳細に当時の璽宇内部の模様を記録した資料である。

そこでまず、双葉山が初めて璽宇本部を訪れたときのいきさつについて「勝木手稿」と双葉山、呉清源がそれぞれ書き残している回想録とを読み比べてみたい。双葉山は次のように説明している。

当時、璽宇教の本部は荻窪にあったのですが、わたしは遂に呉氏の熱心な誘いに動かされて、家内といっしょにお参りにゆくことになりました。いってみると、本部の二階には荘厳な神殿が設けてあり、そのなかには大神宮さまがお祀りしてあって、自然と頭のさがらざるをえない雰囲気でした。本部には大勢の教師格の信者がいて、皆でわたしを大切にしてくれたのですが、その人たちは口をそろえて、しきりに、

「現在の日本を再建するには、どうしても大御神の神示をうけて、それを天下に普及せねばならぬ」（中略）

それからも呉清源氏はたびたびわたしの宿へやってきて、「どうしても本部へ来い！」と勧めるのです。（『相撲求道録』抄出）

この『相撲求道録』は昭和三十一（一九五六）年八月の刊行となっており、双葉山、いや時津風親方はすでに相撲協会理事長代理の地位に就いていた。翌年五月には出羽海理事長が自殺未遂事件を起こした後を受けて理事長に就任することになるのだが、そのような時期に十年前の新宗教との関わりはなるべく「過少報告」しておきたいという心理が働いていたのではないか。彼はもう一冊『私の履歴書』の中でも璽光尊詣でについて触れているが、書かれた内容はほぼ同一でこの域を出ない。その時の立場は理事長である。

次に呉清源はこの場面をどう回想しているのか。その前に呉清源のここまでの経歴を簡単に確認しておこう。

呉清源は一九一四（大正三）年に中国・福建省に生まれ、幼少期から囲碁の天才と謳われ、北京で名を挙げていた。十四歳のとき来日し留学。昭和初期には「読売新聞」主催の棋戦などで連勝、昭和七年、五段に昇段と注目され続け、昭和十一年には日本に帰化している。日本名は呉泉《くれいずみ》となったが、一般的呼び名は呉清源を雅号としてそのまま使用した。呉清源は大本（原則的には「大本教」とはいわない）とも連携していた世界紅卍字会系の「道院」という宗教団体の信者であった。世界紅卍字会とは中国の済南で発生した赤十字社に似たような慈善事業団体で、「道院」という宗教組織の強い影響下にあった。

呉はその後、第二次大本事件（後述）のあと、心霊研究者（菊花会主宰者）の小田秀人や大嶋豊らと共に神道系宗教サークル・篁道大教《こうどう》に出入りするようになる。菊花会は大正期の大本の幹部で神霊研究者の浅野和三郎が昭和五年に設立したもので、中心メンバーに大本信者でもある小田秀人、大辻鉱蔵、峰村恭平らがいた。

菊花会幹部で篁道大教教主の峰村恭平（鉱山事業者）と呉が接近したころ、峰村自身が昭和十六年夏にはサークルを発展解消、関係者を糾合して璽宇を名乗ることとなった。この拡大された璽宇に東京・蒲田で霊能者として活動していた長岡良子《ながこ》、後の璽光尊が最側近の勝木徳次郎を伴って合流するのだ。つまり、峰村恭平＋呉清源グループと長岡良子の合従連衡が成立したわけだ。

長岡良子は当時青森県で鉱山開発を手がけていた信者の一人から事業の経営問題で相談を受けていたが、そうした鉱山経営の財政上の相談に乗ってくれていたのが峰村だったことから、両サークル間の交流が始まり急速に親密となったようだ。

長岡良子は外見からしてもひときわ上品に見え、堂々とした威厳も備え、かつ豊かな霊感を持っていた。璽宇の実質的なリーダーとなってゆくのにさして時間はかからなかった。


昭和十七年二月、呉清源は峰村の紹介で資産家・中原健一の長女・和子と結婚式を挙げた。このとき呉清源二十七歳、和子二十歳。その和子もまた峰村の強い影響下にあって、二人は和子の妹・中原叶子《みつこ》と共に璽宇の幹部信者となってゆく。結婚直後に八段に進んだ呉は棋界のトップに上り詰め、戦時日本で絶大な人気を誇っていた。

昭和二十年五月の山の手大空襲では四ツ谷の教団本部が焼失したため、呉夫婦、叶子は璽光尊らと共に各地を転々と移動しながら終戦を迎え、ようやく杉並区関根町に落ち着いたのであった。呉はここで璽光尊から、信心が強いと評判の国民的英雄の双葉山を説得して連れてくるよう強く言われた——というのがおおまかな経緯である。その呉清源が双葉山にどう接触したのか、昭和五十九（一九八四）年に書かれた回想録を見てみよう。

昭和二十一年、関根町の璽宇の館に、名横綱であった双葉山が家族を連れて参拝に来た。双葉山はもともと霊感の強い人で、本場所中の取組みのある朝方、よく神がかりに近い状態になるという。戦後の混乱の中で、精神の拠り所を求めているとき、復古的な日本精神を標榜する璽宇に惹かれて参拝に来たのであろう。

璽光尊は双葉山を大いに歓迎し、二人はお祈りをはじめた。すると間もなく神様の霊が双葉山にかかり、双葉山は神がかりの状態となった。（呉清源『呉清源回想録 以文会友』）

呉清源は「精神の拠り所を求めているとき、復古的な日本精神を標榜する璽宇に惹かれて参拝に来たのであろう」とあたかも双葉山が自分から自由意志で本部に来たかのような書き方をしている。もちろん、この前後の文章でも何も触れていない。これを書いたのは、呉が璽宇を離れてすでに三十年からの時間が経ってはいるのだが、それにしても、である。「呉清源氏はたびたびわたしの宿へやってきて『どうしても本部へ来い！』と勧めるのです」とまで双葉山は書いていた。

戦後の混乱期とは違って、世はこうした新宗教を「新興宗教」と呼びならわし、かなり冷ややかな目で見る時代になっていた。双葉山は「呉に強く勧誘されたから」と言い、呉は「双葉山が璽宇に惹かれて参拝に来た」と人ごとのように説明している。

それでは、肝心の璽宇本部の史料を確認してみよう。

双葉が地方巡業から東京の両国へ帰り、引退後の事など、まだまとまった考えも持たず、ブラブラしている処へ（八戸の）七崎から連絡を受けた呉清源がやって来た。双葉は躊躇する筈がない。喜んでその招きに応じて、付け人一人を伴い、関根町の璽宇を訪問した。昭和二十一年十一月二十七日の夜だった。実は思いがけなく、そこにはハプニングがあった。即ち、御神前へ出た双葉は接霊（引用者注・神霊が降って一種の神憑りの症状となること）を受けていた。（中略）平素から双葉が常人とは違って高い霊格の持主だと聞かされていたのだが、今日の階上の神事が行われていることを知って、私達一同はさすがだなと思った。（「勝木手稿」）

実はこの「璽宇と双葉との関係」という文書には書かれた日付が書かれていないのだが、全体を読み通してみるとおそらく昭和四十四年ごろに書かれたものと思われる。書いた勝木徳次郎は、昭和九年ころには長岡良子（まだ璽光尊を名乗っていない一介の霊能者の時期）と出会い、以降彼女の片腕として生涯尽くした人物である。璽宇の最高幹部であり、人格的にも高潔な人物だったとされる。年齢は璽光尊が明治三十六（一九〇三）年生まれで、終戦直後の昭和二十一年には四十三歳。勝木の生年は不明なのだが、おそらく璽光尊より五歳か六歳年下だったのではないかと諸資料から推察される。つまり、双葉山より三歳ほど年長という関係になる。

その勝木の手になる文書には双葉山は呉清源に勧誘され、躊躇することなく璽宇本部を訪ねたものとある。

ただし、この文書もあくまでも璽宇から見た見解であることは配慮しなければならない。それを差し引いても克明、詳細を極めており、その点からはかなりの程度客観的な事実と判断していいのではないか。呉清源と双葉山は執筆当時、かなり社会的な状況を考慮しながら書かざるを得ない立場だったのに反して、勝木側には隠すべきものはほとんど皆無だったと思われるからである。つまり、勝木には失う物は何もなかったという意味だ。

当時、組織力の小さな新宗教が生き抜く道は、極めて狭められていたからでもある。

天皇を超えて

双葉山は初回訪問の直後、杉並の本部を再び訪ねている。弟子たちはすでに太宰府の道場に帰していた。

彼は翌二十八日午後になると、

「家内や子供に御拝謁頂けますでしょうか。お許し下されば今夜帰って改めて参ります」

と言う。もちろんこれに異論があろうはずはない。そこでお許しが出ると夕食後、自宅へ帰って行った。（「勝木手稿」）

一回目の訪問で深夜璽光尊に直接拝謁がかない、さらにそのまま翌日の昼過ぎまで本部で過ごす間に何らかの決定的衝動が双葉山の心を動かしたと思われる。その結果、妻子まで連れての再訪となった。彼を衝き動かしたものとは何か。

関根町に遷宮する直前、璽光尊は宗教的立場を根本的に改めなければならない事態に直面したことは先に述べた。璽光尊はあくまでも現人神たる天皇を補佐することで皇祖伝来の皇威を達成すべき立場だったが、「人間宣言」に従えば生き神様である璽光尊が人間である天皇に奉仕することになる。これは璽光尊にとって絶対矛盾だ。あくまでも現人神たる天皇を補佐する第一人者を自認していた璽光尊の期待は敗戦によって見事に裏切られた。

璽光尊の考えでは、日本が連合国に降伏したからといって、神州は不滅でありこの世界は天皇にすべてが帰一するという確信にいささかの揺らぎもなかったのだ。したがって、今回の天皇による詔書はまさに青天の霹靂であった。「人間宣言」によってもたらされた絶対矛盾を解決するため、璽光尊は教義の根本を改める決意をした。

天皇側近ナンバーワンの立場を改め、自らが天子（天皇）であり、人間となった天皇は璽光尊を補佐する第一位であると、大胆にも天皇を超え、その立場を逆転させたのである。こうすれば璽宇が皇居であることもまったく齟齬は生じない。その際、長岡良子は呼称を一段格上の「璽光尊」と正式に改めることになった。ここまで本書では便宜上「璽光尊」という呼称を用いてきたが、昭和二十一年四月末日までは「長岡良子」が正しい。

五月一日、璽光尊こと長岡良子は世直しの切迫感を一層具体的な組織改革をもって示そうとした。この日「岩戸開き」と称する大改革を実施する。「岩戸開き」とは「神家の岩戸を開く」ことによって新たな時代を迎える、つまり「世直しが行われる宣告」ということになろうか。

璽宇内に新たに神前がしつらえられ、玉座に光衣を着た璽光尊を迎える儀が執り行われた。光衣とは神の力を宿す衣、とでも言おうか、これには璽光尊が天皇を超えて、自らが天皇であることを厳然と示すという意味が込められていた。正式に璽光尊を名乗ることになったのは、六月二十五日の神示によるとされている。なお、正確に神示のとおり記せば「天璽照妙光《あまつしるすてるたえひかり》良姫皇后尊《ながひめのすめらみこと》」となるのだが、通称を璽光尊と称した。

こうして、璽宇皇居内の家具調度品から璽光尊の腰巻に至るまで菊の紋章が入れられたのを手始めにあらゆる改革が実施された。璽宇内だけで通用する菊や桜、松竹梅などをデザインした独自の紙幣が発行され、元号はなんと昭和を廃し、昭和二十一年五月一日をもって霊寿元年となった。つまり昭和天皇は霊寿天皇に従う立場を「与えられた」、という璽光尊不退転の決意の表れだった。

璽宇共同体はひとつの国家だという認識に基づき「璽宇内閣」が組閣され、大臣として総理、外務、大蔵、拓務、宮内といった所轄の役分が決められた。このような体制は軍事力こそ持たないものの、いわば天皇と内閣を同一・一体化させ、強力な国家統制を目指した世直し運動を具現化したものだ。

人間となった天皇は璽光を補佐する第一位であると、大胆にも天皇を超え、その立場を逆転させたとする観念を具現化したのである。そして新たな神示が五月八日に出され、天皇は皇孫が天皇のカリスマをもって統治するのが本来であるが、危機的状況下では、皇孫以外でも実際に天皇のカリスマを有する者が、天皇にかわって皇位を守ることもありうるというのである。（「對馬論文」）

ただし、こうした状況は非常時に限られるとの限定的、抑制的なものであって、ある程度の世直しさえ進めばその役割は皇太子や皇后、各宮家などに順次譲られると解釈できる。こうしたことから、以後、明仁皇太子（現・上皇）やほかの宮家への積極的な働きかけが重視されてゆくのである。この当時出された御神示の内容はほとんどの場合、人智を超えた指令ばかりといってよかった。常識的には到底叶えられそうにもない内容で、天皇やマッカーサー元帥に対して璽宇参内を働きかける御神示を手渡すとか、皇太子への面会を実行するなどといったものだった。にもかかわらず信者にとっては神示であるから拒むことの出来ない絶対的命令で、崇高、かつ使命感さえ高揚させるものだった。

六月一日と七日にはさっそく皇太子の仮御殿・小金井御仮寓所の訪問を試みている。このとき訪れたのは幹部の清水誠次、中原和子（呉清源の妻、戸籍上は呉和子）他二名とされ、「皇太子の御繁栄と御成長祈願」のためと称し、東宮職を通して白米五合を二回にわたり献上した。

五月末から六月末にかけては璽光尊自らが先頭に立つ「本出陣」と称する参拝が富士宮の浅間神社で挙行された。七月、八月には月山、鎌倉、戸隠、青森、鹿島などへ信者たちによる出陣が繰り出されるなど、活動が頻繁に実施されたのである。世直しを霊的に補完する、というのがその目的だった。

六月に白米献上などが一定の成功を収めたからだろうか、九月二十一日には百名ほどの信者が一団となって東宮仮寓所を訪れ、皇太子への拝謁を求めた。拝謁こそ拒まれたが、警備員付き添いで一団による構内通行は許可されたという。

警視庁警察部長による内務省警保局長ならびに東宮大夫宛ての調査報告書というのが手許にある。これによると清水誠次郎ほか一名のみが代表として東宮掛への面接を許可され、直径約一尺五寸（約四十五センチ）の供餅を献上した上で次のように述べたと記されている。


本日は璽光尊様が神様から世の中を救うよう御告げがあったためでたい日であるから、その御祝いとして餅を献上致します。皇太子様は今後世界の中心となられる立派なお方でありますから、その御成長と御繁栄をお祈りいたします。尚、遠方でもよいから一目拝ませて頂きたい。もしそれが出来なければ構内を通してもらいたい。（「璽光会の動静について」）

との申し出を教団側はしたが、結局一団全員での構内通過だけが許可され、拝謁は拒否されたという。天皇との立場を逆転させたとの御神示のためであろうか、今風に言えばやや上から目線での申し入れに聞こえよう。

結果として天皇はもちろんのこと、皇太子や各宮家への御神示手渡しは結局不首尾に終わった。資金調達にも限界があったであろうし、働きかけは思うに任せない。二十一年秋までの成果を考えれば、璽宇内閣は有名無実なものに留まったといって差し支えないだろう。

母性信仰

しかし双葉山には、不首尾に終わった話は入ってこない。現人神は架空の観念だったとされ落胆していたところに、「天皇に代わって皇位を守り得る」と璽光尊から厳かな決断を聞かされた。国民的英雄の気鬱は一気に晴れた。すべてが腑に落ち、璽宇に心酔、一介の信者となることをむしろ進んで願い出たのではないだろうか。

璽宇のもとに集まっていた信者たちの多くは空襲で焼け出された人々であった。そこでは同じ境遇におかれた同志的結合が生まれ、総勢約三十余名が一種の共同体のような生活様式をとっていた。璽光尊のほかに勝木、巫女である呉清源の妻・和子と妹・叶子など最側近の幹部八名ほどが生活する区域が第一層で、第二層は璽宮と呼ばれる住居で生活する二十数人程度の信者が起居していた区域。この他に外部から彼らを支える支援者、いわば一般信者は璽衆と呼ばれる第三層で、各地におおよそ三百人ほどいたとされる。少数精鋭をモットーとし、いわゆる勧誘や折伏といったことは双葉山のような特定の個人を除いては行わなかったのが特徴だ。

璽宇では外部からの「穢《けが》れ」や「攻撃」を防御する意味からも潔癖で防衛意識が高く、みだりに璽宇の正門をくぐることは許されなかった。選ばれた者だけが訪れ、さらにごく少数の者が聖域に入ることを許される。ましてや一夜にして璽光尊に拝謁がかなう信者などめったにあろうはずがない。双葉山は極めて特殊なケースとして、璽光尊に拝謁を賜った。もちろん、璽宇が宣伝効果を大いに期待したからなのだが、結果的には昭和天皇の存在をも超えるような宗教的立ち位置を表明したことで、完全に双葉山の心を摑んだ。双葉山も抱えていた懊悩から解き放たれ、光明を見たのだろう。

そして十一月三十日午後、澄子夫人とまだ二歳半の経治を付き人に背負わせ、璽宇の門をくぐっている。勝木徳次郎は、拝謁した末に「慈母のような優しさにカリスマというより母性愛の最高具現者と感じとったのであろう。一切をなげうってその奉仕に尽くすことを期していたようであった」(「勝木手稿」)と書き添えている。

幼くして実母を失った双葉山が母性愛に餓えていたということは十分に考えられた。埋め合わせるように璽光尊が目の前に現われ、彼女に母性を求めたということになる。母性信仰にも似た感情が生まれたのではないか。

妻の澄子の存在はこの場合比較的薄かったと思われる。澄子は双葉山の生き方そのものにはほとんど関わらない生涯を送った女性でもある。子供らの母ではあっても双葉山の母足り得なかった。

そうみてくると、父としては大義でもあった天皇がおわしたのだが、その天皇が人間宣言によって神ではなくなり、双葉山の中では美しかった「大義」が完全崩壊したように思われる。敗戦から一年経ってみると、土俵からも引退した双葉山にとっては、喪った母と父への埋め合わせにぴったり符合したのが璽光尊だった、といえるのではないだろうか。

遷宮前夜

璽宇の活動は小規模な新宗教につきまとう災厄とでも言おうか、そのほとんどが引っ越しに継ぐ引っ越しであった。戦災以外の遷宮はすべてが家主とのトラブルと言ってよかった。家主側の言い分としては、警察など官憲当局からの強い圧力に抗えなかった裏事情もある。戦後になって、信教の自由が占領軍によってかなり認められるようになった反面、日本の治安警察は相変わらず新宗教を危険思想とみなしていた。皇室に対する不敬罪（昭和二十二年に廃止）や「天変地異が起きる」などの予言による世上の攪乱などが捜査事案となったのだ。

当初は璽宇のシンパでもあった家主といえども、警察による聞き込み捜査などの圧迫には抗し切れなかったというのが実情だろう。璽光尊以下三十数人ほどの共同体を構成する信者たちは、大きな屋敷を提供してくれる協力者の家主を捜し求めて放浪した。「對馬論文」によれば璽宇本部の遷宮は、終戦前後に限っても以下のように頻繁である。

昭和二十年五月二十五日の山の手大空襲で四ツ谷本部を焼け出された一行は五月三十一日の大田区鵜の木の岩崎邸を振り出しに→世田谷区等々力、日置昌一邸（二十年六月末迄）→世田谷区松原、徳川邸（二十年七月～）→世田谷区松原、重松邸（二十年八月前後～）→小金井市、大井包高邸（二十年十月末～）→杉並区関根町、小俣新五左衛門邸（二十一年二月下旬～）へと目まぐるしい移動を重ねざるを得なかった。

そしてこのあと、彼らはここ関根町をも追い出され、金沢に支援者を求めて皇居を移すこととなる。大家の小俣家もまた地元警察から再三警告を発せられたり、賃貸約束の期限も過ぎていたなど理由があったようだ。期限は延ばしても最大で十一月一杯、もはや時間的な余裕はなかった。

わずか九ヵ月の滞在で急な転居を迫られた最大の原因は、前例のごとく家主と璽光尊との軋轢があったからだと、後年になって呉清源は書いている。

関根町にいるとき、青森県八戸に住む信者の一人である宮重さんが、百万円という大金を持って上京してきたことがある。関根町の私たちが借りている屋敷を、家主の小俣さんが八十万円で売ってもよいと申し出ていたが宮重さんがそれを聞いて、璽宇の本拠地として買い

取るための金を用意して来たのである。（中略）
腹心の勝木さんや幹部の清水さんは大いに乗り気であり、璽光尊に購入を勧めたが、璽光尊は頑として買うことを認めなかった。相変らず、小俣氏を信者にして屋敷を奉還させなければいけないと言うのである。しまいには、腹心の勝木さんまでが璽光尊に殴られる始末で、とうとう購入は諦めなければならなかった。（『以文会友』抄出）

後年、呉が脱会してからの回想録なので、多少私見がかっている部分もあろう。だが、それを差し引いても、璽光尊の唯我独尊は常に自らをさすらいの徒とさせる運命を負っていたといえる。


遷宮の日が迫ったとき、御神示に「加賀へ遷都、遷宮ヲ許ス」と出た、と「勝木手稿」にある。もちろん突然の加賀とは、予期せぬ場所だったが、信者一同、神示に従って準備せざるを得ない。幹部が金沢に広壮な屋敷を持つ知人探しに奔走した。

双葉山が訪ねたころ、実は璽宇遷宮のための慌しい引っ越し準備と金沢での新たな皇居探しが同時に起こっていたというわけだ。

その金沢遷宮直前のことだった。滅多なことでは外部の者を入れなかった璽宇本部が雑誌「アサヒグラフ」の記者とカメラマンに取材を許可した。あまりに世間から隔絶された共同体だったため、要らぬ誤解を多少なりとも無くそうという意図もあったようだ。カメラはかなり自由に璽宇内部を写し取り、記者も璽光尊に面会できた。記事の一部を紹介しよう。

璽光尊こと長岡良子女史は今年四十五才（引用者注・数え年）。白装束の上に黒い羽織を引かけてウェイヴの跡もある洋髪の姿でソファに腰を降ろしたところはせいぜい看護婦会長といつた人品骨柄である。

「もともと私の母は皇族の出でして父は華族でした。私は今の皇后陛下とは従姉妹同士の関係であります。父母も、それに、こういつた関係を一番よく知つていて呉れた頭山満も死んだので残念です……」と、のつけからきく方でハラハラするやうなことをい丶出した。（「アサヒグラフ」昭和二十二年一月十五日号、抄出）

ややシニカルに構えた訪問記ながら、このあたりが終戦直後、一般国民が投げかけるいわゆる新興宗教に対する冷ややかな視線にあらかた符合するのではないか。いずれにせよ、新聞、雑誌に初めて璽宇内部が明らかにされ、世間を驚かせた特集だった。この号の「アサヒグラフ」の特徴はなんといっても多数掲載されている写真であろう。神前に座って記者に何か話しかけているような璽光尊の写真は極めて珍しい。さらに「璽宇の根幹を成す閣僚たち」と記された写真には「内務、巫女第一、大蔵、総理、拓務、巫女第二、大膳取締」といった顔ぶれの記念写真が添えられている。巫女第一はおそらく中原和子、第二はその妹、叶子であろう。二人とも巫女装束で、きりりとした和風美人に見える。中央で一人だけ椅子に腰掛けている総理は参謀の勝木徳次郎と思われる。このほか、元首はもちろん璽光尊こと長岡良子、呉清源は大蔵大臣と決まり、そして厚生大臣には双葉山が就任する予定となっていた。

「アサヒグラフ」にはほかに信者たちが「天璽照妙璽宇《てんじしようみようじう》」と書かれた大きな幟《のぼり》を手にして「辻説法に繰り出すところ」と説明された写真や、毎日のように出る御神示が数枚並べられている。いずれも達者な筆で浄書されており、例の不首尾に終わったものであろうか、「高松宮家　御神示謹写」「東久邇宮家　御神示謹写」など皇族・宮家に配布する予定だった御神示も残されている。キャプションに「先方は一向に相手にしてくれないと璽光尊自ら語っていた」とあるとおり、璽宇の皇族方への積極的な働きかけが思うようにはいっていなかったことがうかがえる。

マッカーサー直訴事件

皇族方への再三に及ぶ出陣での御神示渡しは失敗に終わったが、璽宇にとっては奇跡ともいえる大成功を収めた事案、それがマッカーサー元帥に直接面談して御神示の紙を渡す、という出陣だった。なにせ「璽宇に参内せよ」とのお告げ文をマッカーサー本人に直接手渡したというのだから璽宇は大いに盛り上がったであろうが、日本側の警備当局は心中穏やかではなかった。当然ながら、当時の報道管制によってこの〝事件〟は表面には一切出ていない。

常識的には到底叶えられそうにもない内容で、天皇やマッカーサー元帥に対して璽宇参内を働きかけるといった御神示が現われたことは先に述べた。五月に入ってすぐのことだ。宮家や皇太子への出陣は思うにまかせないまま終わったが、その後、追いかけるようにして「光射すべし　マッカーサー」という言葉が御神示に出る。さらに五月十三日には「マッカーサーへ行け」との言葉まで発せられた。繰り返すようだが、こうした御神示のすべては和子、叶子姉妹のどちらかの巫女をとおして降りてきた言葉である。

占領軍に対する期待感はけっして唐突なものではなかった。なぜなら一向に覚醒しない皇族方への失望感に反して逆に占領軍、とりわけ総帥であるマッカーサーへの評価が璽宇内では相対的に高まってきたからだ。神道を誰よりも奉じる身にしてみれば奇妙な逆転にみえるが、旧体制を次々に打破していた彼らの政策や行動の方が新鮮で、かつ、神意に即したものと解釈されたのであろう。こうしてマッカーサー元帥への直訴出陣が現実化してゆくのだが、事実関係の概略を璽宇本部の記録から見てみよう。


（昭和二十一年）五月十三日、妹の中原叶子の受けた御神示にマッカーサー元帥に対して「璽光尊様の許へ来たれ」という御神示（文書）を届けよということが文字に現われた。これが後の金沢事件（引用者注・第四章参照）をひき起すもとになったと言ってよい。周知の如く、当時のGHQのあったあのお濠端の附近を通る事さえ気の小さい人間には出来なかった時代である。それを事もあろうに、その最高司令官に会って御神示を手渡せという神様の御言葉（神様の御言葉といっても、璽光尊様ではなく無形の大神様）である。ところが、誰が考えても不可能の様に思えたこれが御神威というべきか、マ元帥に直訴という形で三度も成功したのである。そしてマ元帥はその御神示を受取り、使者である巫女（和子、叶子）二人に握手を求め、サンキューを連発、ニコニコ顔で応対してくれた。（「勝木手稿」）

昭和二十年八月三十日午後二時五分、マッカーサー元帥はバターン二号機のタラップから厚木基地に降り立った。そのまま横浜のホテルニューグランドに入り、その後しばらくはスタンダード石油の日本支社長邸に滞在し、九月八日に東京・赤坂にあるアメリカ大使館のドアを開けたのである。日比谷のお濠端にある第一生命ビルを総司令部と決め、元帥が横浜から移ったのは九月十七日。大使館につながる大使公邸を宿舎としていたマッカーサーは一日に二回、自宅とこの第一生命ビルの六階にある執務室を往復していた。昼食を家族とともに摂るためである。

マッカーサーは滅多に日本人と面会することはなく、記録に残る日本人名は昭和天皇のほかには近衛文麿、吉田茂、幣原喜重郎、および婦人参政権によって初当選した女性議員たちといったごく一部の政治家を除くとロスアンゼルスで開かれる全米水泳選手権大会に招待された古橋廣之進くらいしか見当たらない。ごく稀な例としてGHQ本部前にひれ伏していた婦人に声を掛けたとか、修理中のエレベーターに乗り合わせた職人に笑顔で挨拶したといったエピソードが残るが、いずれも検閲によって新聞に書かれることはなかった。それほどマッカーサーは一般の日本人には関心がなかったとも言え、国内旅行もしていない。特殊なケースとして朝鮮戦争勃発直後（昭和二十五年六月末）に仁川《インチョン》へ日帰りで行き、さらにその翌七月末、台北へ二日間ほど行って蔣介石と宋美齢に会った以外は、ほぼ赤坂の宿舎と日比谷の執務室往復だけが日課というやや特異な日常だった。

そのマッカーサーが璽宇を代表してやって来た二人の巫女には三回も会い、しかも鄭重《ていちょう》に見送ったというのだから璽宇本部が歓喜し、「マッカーサーは偉いと思った」のも宜《むべ》なるかなである。尚、御神示を手渡そうと試みたのは二回まで日時が確認されているが、勝木手稿と宗教関連のジャーナリスト・梅原正紀は直訴が三回あった（『新宗教の世界Ⅳ』）としている。ここでは確認されている二回について具体的に検証してみよう。

マッカーサーへの第一回直訴出陣は昭和二十一年五月二十二日に行われた。神示が出てから一週間余り経っている。

アメリカ大使館前でマッカーサーが通りかかるのを待ち、元帥に杉並区関根町の璽宇皇居への参内を促すという大胆不敵な行動が実行に移された。使者に立ったのは中原和子と叶子姉妹の二人で巫女姿だった。
この日の午後五時ごろ、第一生命ビルを出た元帥がアメリカ大使公邸へ入る直前である。巫女たちはマッカーサーが乗っていたキャデラック（一九三五年型Ｖ16）の前に飛び出し、前に立ちふさがった。そのまま車の中に和子が乗り込んだかと思うと、表に「マッカーサーに授けられた御神示」と書かれた大きな封筒を手渡したのである。

霊寿元年五月十四日　天照皇大神　授マッカーサー

と書き出された神示は、時局の総括に始まって、世界人類の平和に寄与するには降霊した救済者たる我を信ぜよ、といった内容が箇条書きに連なっていた。二人は間もなく衛兵らに捕り押さえられたものの、処罰するほどのことはないと判断されすぐに解放された。
この一部始終を日置昌一という評論家がまるで見てきたように「璽光尊とマッカーサー元帥の物語」と題して雑誌「文藝春秋」に寄稿している。

……かな子さんが道路へ出ていつて日の丸の扇子をパッと開くと、自動車が停つた。そこへ和子さんが駈けていつて、アツと言ふ間にドアを開けて飛込んでマッカーサー元帥と並んで腰掛けた。そして、「プレゼント」と元帥に御神示を渡した。「サンキュウ」と受取つた。

（中略）そのうち、元帥が襲撃されたといふので、MPや日本の警官がトラックに乗つてやつて来た。しかし日本のお嬢さんが踊つてゐるし、もう一人はマッカーサーと並んで自動車の中にゐる。元帥は涼しい顔をして愛用のパイプを咥へてゐる。（「文藝春秋」昭和二十七年十月号）

それからおよそ二週間後、第二回の直訴出陣が行われた。第一回が大成功を収めた璽宇はすっかり気をよくしたのだろう、今度はいよいよ占領軍の本丸、GHQ本部への乗り込みを決行した。なかなかの度胸である。

六月五日、振袖姿の中原和子、叶子らはMPの隙をついてGHQの正面玄関の階段を一気に駆け上がった。手に握っていたのは前回と同じ大きな封筒に、

霊寿元年六月四日　天照皇大神　授マッカーサー

と書き出しされ、こと細かに時節の腐敗を憂いた内容である。次いで、その腐敗を破壊するため天照皇大神は汝を召されたのだと説き、最後に「来タレ璽宇ニ、受ケヨ璽ノ光ヲ」とマッカーサーに参内を促すものだった。高い位置から「汝、速やかに来たれ、璽宇に」と呼び掛けているのである。

命懸けの度胸がなければとてもこの時期マッカーサー相手に出来るものではない行動だが、

信仰から度胸が生まれることはあるのだろう。

一行は受付で「マッカーサーに会わせて欲しい」と申し入れたが、なかなか話が伝わらず押し問答になった。当たり前である。間もなく奥からGHQの職員らしきアメリカ人が出てくると姉妹は近くの部屋に通された。その場で彼女らは「マッカーサーに参内するように」という璽宇の趣旨を説明し、文書は手渡せたものの元帥への直接の面会は断られる。そこへMPや警官が駆けつけ逮捕されそうになったがアメリカ人が裏口からそっと逃がしてくれた、というのが二回目の直訴出陣の経緯である。

これも先の日置昌一によると以下のような表現になる。

> 押し問答をしてゐるところへ、偶然かどうか、マッカーサー元帥がドアを開けて出て来た。それをみるなり和子さんが「プレゼント!」と御神示をマ元帥の胸許へつきつけた。それに釣られたのか、マ元帥が、「サンキュウ、サンキュウ」とあつさり受取つて、またドアのなかへ入つていつた。「ほら、御覧なさい。マッカーサー元帥は待つてたじやありませんか」と言つて大得意だつたさうである。(同前「文藝春秋」)

日置は「捏造を交えながら書いている」とした勝木の指摘どおり、ここでも同じく話はいささか盛られている感が強い。マッカーサーが実際に直接中原姉妹に会ったのは、厳密には一度だけである。だが、GHQに御神示を二回手渡すことには成功し、彼らが鄭重に扱ってくれた事実などからして璽宇側の感激は一入《ひとしお》であったであろう。こうしてマッカーサーへの期待感は膨らむのだが、一方では、第一章（「人間宣言」）でも触れたGHQ内部のCIE（民間情報教育局）ダイク局長は「神道指令」で信教の自由を保障した一方、国家と神道とのはっきりした分離を言い渡す。そして、規律を外さずに施行されているか十分な監視下におく情報活動を緩めなかった。

占領軍はすでに国家主義や左翼運動と並んでこれまで日本の国内で起きてきた宗教に関わる事件を克明に調査していた。かつて連合国間では「太平洋問題調査会」という組織が活動していて、戦争中にこうした情報活動を繰り返していたことが分かっている。中でも大本弾圧事件と天皇や神道に関する情報は詳細を極めて上がっていたのだ。この案件は、GHQ内でもリベラルと言われた民生局やCIEにつながってゆくことから、「神道指令」はいわば大本との分断を意味していたともいえよう。

具体的な経緯を言えば、GHQが「神道指令」を発したのは敗戦からわずか四ヵ月後の昭和二十年十二月十五日のこと。そして、二週間後の二十一年の元旦、天皇の言葉で「人間宣言」が発せられた経緯は繰り返し述べた。

こうして国家から切り離された神道は「宗教」という枠組みのなかで戦後残される。天皇家「個人」での祭祀としての神道は認めるが、国家が関わる部分では天皇家は関与できないとの解釈である。「神道指令」のうち天皇に関する箇条を訳せばおおむね以下のとおりだ。

　日本の天皇はその家系、血統或は特殊なる起源の故に他国の元首に優するとする主義との認識を禁ず

ただし、この指令を逆に解釈すれば天皇よりエライと思っていた「イキガミサン」たちは民間人ゆえに公然と活動が開始できると考えたのも当然である。

だが、「人間宣言」詔書の原文起草から発動までを指揮していたＣＩＥは、天皇をも超えたという宗教団体にあからさまな活動をされたのでは面子丸潰れである。ＣＩＥは日本側の警備警察にも厳しい注文をつけるようになる。

　こうして、日米双方から璽宇に対する監視の目が次第に厳しくなってゆく。璽宇の幹部信者には監視の目が光るようになり、内部及び関係者への情報収集活動や尾行活動による内偵が密かに開始されていた。璽宇幹部はこの段階で戦前に起きた大本への過酷な粛清を思い起こさざるを得なかっただろう。

　そこで、世に伝わる国家による大本弾圧とその中心人物だった出口王《お》仁《に》三郎《さぶろう》について触れておきたい。璽宇の成立過程と大本には密接な関わりがあった。

第三章　復興期の神々

大本と出口王仁三郎

古来、新たに興《お》きた宗教というのは教勢を拡大するなかで周辺社会と摩擦を起こし、何らかの理由によって国家やマスコミから激しい弾圧やバッシングを受けるのを常としてきた。戦前、もっとも執拗な弾圧を受けたのが大本《おおもと》であった。大本は戦前には皇道大本、戦後は愛善苑《あいぜんえん》を名乗った時期があるが本書では一般的名称の大本で統一する。

開祖、出口なお（ナヲとも）は天保七（一八三六）年、京都の福知山で桐村という大工の家に生まれたが、綾部の出口家で養子となり出口なおとなった。折から天保の大飢饉に見舞われるなかで極貧生活を強いられながらも奉公先で勤勉に働き、やがて宮大工・政五郎を娘婿として迎え結婚、十一人の子供をもうけた（三人は夭折）。困窮した生活の中で八人の子供を育て、五十二歳の折には夫が死去、重労働と極度の貧困にあえいでいた明治二十五（一八九二）年の旧正月（現・一月三十日）霊夢を見て激しい神憑《がか》りに陥ったのだという。なお五十六歳のときだった。

『新宗教　教団・人物事典』によれば、出口なおの神憑りの状況はおおむね次のようなものだったとある。

（なおは）霊夢を見、突如として激しい神がかりに陥る。断食状態のなかでなおは寒中に井戸水を浴び、自己の腹中に宿った神と昼夜を分かたず問答を続ける。やがて自分についた神を艮《うしとら》の金神《こんじん》とし、神がかりが始まると威厳に満ちた態度で艮の金神の言葉を宣《の》べる。（中略）やがて神の命令に従って釘で柱に文字を書きつけ始める。これが「お筆先《ふでさき》」（引用者注・神のお告げを書き記したもの）の始まりとされており、以後、大正七年までに半紙二十枚綴りで約一万円ほどの膨大な量になったという。

なおに現われたご啓示はあくまでも神憑りによる心霊的なものだった。加えて彼女は貧困ゆえに読み書きができなかったためそのお筆先（半紙約二十万枚）はかな釘流で、支持者を広汎に求めるには限界があった。

近隣の村々で小規模の信者グループが「綾部の金神《こんじん》さん」としてなおに子供の病気治療や先祖の霊を呼び出す依頼などシャーマンとしては認知されていたものの、組織拡大の理論武装にはまだ手が届かなかった。

それでも、なおの「お筆先」には千年王国実現への根本的な転換を促す「立替立直」の迫真に満ちたダイナミズムだけは煮えたぎっていた。

明治三十一（一八九八）年、縁あって上田喜三郎という男がなおの前に現われる。なおが神の啓示では、と思わず漏らしたという喜三郎は若くして言霊学、獣医学ほか文学・化学百般を学び異能を発揮した人物で、無頼で破格の人格形成を持った修行者だった。

艮《うしとら》の神がどのような神であるかを理論的に説明できる人物を待ち望んでいたなおは、初めて適格者との出会いを果たし、霊学、霊術を理論解説できるこの青年との合体にこぎつけたのである。

二人は翌明治三十二年に稲荷講社の分会組織として金明霊学会という組織を立ち上げ、合法的に集会を行うことを可能にした。なおが教主、喜三郎が会長となり、ここに大本の礎が完成する。

明治三十三（一九〇〇）年、なおは後継者（二代教主）と決めていた末娘（五女）すみの婿養子として喜三郎を迎え入れ、明治三十七（一九〇四）年、上田喜三郎は出口王仁三郎《おにさぶろう》と改名。ちなみに王仁三郎は明治四（一八七一）年に現在の亀岡市に生まれているので、結婚時で二十九歳。昭和天皇の誕生が王仁三郎・すみ結婚の翌年、明治三十四年四月、そして王仁三郎と改名した明治三十七年は二月に日露戦争が勃発するという時代背景に重なる。

出口王仁三郎の霊術活動となおの血を引くすみの人間力ともいうべきパワーによって大本の社会的な認識度は格段に上がった。なおの土俗性と王仁三郎の論理性とすみの底力がうまく適合したからであろう。大正五（一九一六）年、かな釘流でなおが記した膨大な量（半紙二十万枚）のお筆先は、王仁三郎の手によって漢字を交え、混沌が整理され「大本神諭《おおもとしんゆ》」という教典の完成をみるに至った。この後、「大本神諭」は大本の根本を成す教えとなってゆく。

時あたかも対華二十一カ条の要求（大正四年）、ロシア革命（大正六年）、シベリア出兵と米騒動（大正七年）、中国学生が大規模な抗日運動を起こした「五・四運動」（大正八年）などが続き、日本を取り巻く変動は人心の動揺を招くと同時に国家改造運動の気運が高まった時期と符合する。「大本神諭」の発表は、こうした状況の中で多くの知識人階層に強い影響を与えることとなる。英文学者で海軍機関学校英語教官だった浅野和三郎が入信して幹部信者となったのを皮切りに海軍の士官クラスや文化人、貴族、皇族縁者にまで大本への共感は広まった。

ほんの一例を挙げただけでも以下のような人名が並び、大本ブームとでもいった状況が醸し出されたのである。

海軍でみれば、戦艦「日向」などは軍艦独自で大本に寄付をおこない、同じく軍艦「香取」内部では布教が公認され、浅野和三郎の兄・正恭《まさやす》（最終階級海軍中将）も入信、山本英輔（当時戦艦「三笠」艦長、最終階級海軍大将）や秋山真之（日露戦争における日本海海戦の智将、最終階級海軍中将）なども綾部を訪ね熱心な大本研究に没頭している。

宮城の奥深くにも大本の影響力は及んだ。昭憲皇太后（明治天皇の皇后）の姪にあたる鶴殿ちか子などは入信の上、華族たちに布教活動を繰り広げた。

同じく華族では大正十年に柳原白蓮（歌人、大正天皇の従妹）が宮崎龍介（社会運動家）と駆け落ちをして「白蓮事件」を起した際、信頼していた王仁三郎を頼り京都・綾部に匿《かくま》ってもらっている。

さらに、昭和天皇（当時皇太子）の婚約者として久邇宮良子《ながこ》女王（香淳皇后）が内定した時期、久邇宮家の宮務官総督（宮中顧問官）として女王の御養育掛を務めていた山田春三は大本に入信していた。養育に携わり始めたのは大正七年だったが、大正九年十二月、「宮中某重大事件」と呼ばれた女王の色盲遺伝問題が巻き起こり、婚約の内定取り消しという大事件にまで発展した。その際、大本信者だった山田は王仁三郎を綾部に訪ね相談している。

このほか多くの新宗教の教祖が王仁三郎の弟子として宗教的出発をしているのだ。岡田茂吉（のちに世界救世教教祖）、谷口雅春（のちに生長の家教祖）、中野與之助（のちに三五《あなない》教教祖）、友清歓真《ともきよよしさね》（のちの神道《しんとう》天行居《あまのゆきだて》教祖）といった著名な宗教家の名前が並ぶ。

加えて璽宇創設メンバーだった篁道《こうどう》大教教主・峰村恭平がそもそもは大本と深い連携を結んでいたいきさつは、提携関係にあった世界紅卍字会（宗教団体としては道教）メンバーとして活動していた呉清源とともに第一章で述べたとおりである。

近代文学を代表する短編小説家、芥川龍之介もまた大本に強い関心を寄せた一人だった。

大正五年十二月、海軍機関学校の英語教師を長らく務めていた浅野和三郎が大本入信後辞職するにあたり、後任に推され海軍機関学校の英語教師（嘱託）に着任したのが芥川である。教鞭をとるかたわら、翌年には『羅生門』を発表、次いで七年から「大阪毎日新聞」で『邪宗門』の連載を開始している。この連載を始めるにあたって芥川は完成したての「大本神諭」を熟読したと言われる。連載開始前に海軍機関学校で浅野との接触があったと思われる上に、当時の海軍機関学校には大本信者が多数在籍していた可能性を考えると、大本信者が発行した機関誌「大本神諭」を芥川が入手するのは容易にできたであろう。

ただし『邪宗門』の内容自体は大本とは直接の関係はない。本編に登場する「魔利の教」はかつて中国に伝わったキリスト教の一派・景教の影響とする説もあるが定かではない。芥川が得意とした王朝説話を完成させるなかで、大正時代の彼のある種の懊悩を王朝文明を藉《か》りて渉猟しきった文学として今日に残る。未完に終わったのは謎に包まれた自身の自裁と関係するのかもしれない。

いずれにせよ、近代を代表する知識人である芥川龍之介はじめ、多数の人々が大本に吸い寄せられていったのが大正期の特色であった。

大本弾圧事件

陸海軍の一部や知識人、上流階級にまで強い影響力を持つようになった大本に対し、遂に内務省が危機感を抱く事態となった。「国家神道」と相容れない「邪宗」がこれ以上拡散するのは国家として見逃せないという判断だ。当局が警戒を強める一方で、大本は「大正日々新聞」を買収、資金力にものを言わせて「朝日新聞」や「東京日日新聞」を上回る部数を発行していた。その結果、大正十年二月、過激な予言を含む記事と爆発的な大衆操作に対し内務省は大本本部を不敬罪や新聞紙法違反容疑で家宅捜査、出口王仁三郎以下幹部約八十人が検挙されるに至った。最終的には王仁三郎と新聞印刷責任者の吉田祐定が京都地裁で起訴処分となる。

裁判は一旦有罪となったが、教団は同年十月に根本経典の「大本神諭」に代わって、王仁三郎が口述した「霊界物語」を教典とするよう改めた。また本部を綾部から亀岡に移転（元明智光秀居城跡）させ、従来からあった強い日本主義的な主張を改めて人類愛や世界主義に方針転換してきた。

こうした改革によって、逆に中国や満洲などで広まっていた世界紅卍字会などとの広汎な連携も可能となった。幹部は有罪となったが、大正天皇の崩御により昭和二年の大赦で免訴され、大本は壊滅的な破滅には至らずに済んだ。その後は満洲事変（昭和六年）勃発の波に乗って複数の新聞メディアを買収しながら愛国運動を推進、再び国民各層からの関心を呼ぶようになる。ここまでが第一次大本事件のあらましである。

内務省は大本の復活を再度危険視し、内偵など監視の目を一層厳しくする態勢を整えてゆく。そのような状況でも大本は昭和九（一九三四）年七月、出口王仁三郎を統括とし、副統括に愛国団体・黒龍会会長の内田良平を迎えて昭和神聖会を発足させ、大規模な政治活動を活発化させてゆく。内田良平が絡む以上、玄洋社を創設した頭山満も昭和神聖会を蔭から支援していたのは当然だった。

このほか発足会には陸海軍の高級将校、大学教授や政財界要人、さらに板垣征四郎や石原莞爾といった満洲を事実上掌握していた陸軍幹部、その財政的支援者でもあった久原房之助（政治家、鉱山事業家）といった大物が出席していたというから王仁三郎の権勢ぶりが並大抵ではなかったことがうかがえる。

ただ、出席者名簿でやや奇妙なのは、警察、特高（特別高等警察）の直接の管理統括者である内務大臣・後藤文夫の名前までが載っており、加えて文部、農林両大臣も出席していることだった。昭和九年当時の内閣は岡田啓介が総理である。岡田は二年後には二・二六事件に遭遇するものの奇跡的に難を逃れた海軍大将である。岡田首相自身は出席しなかったものの、裏で頭山満の顔を立てて現役閣僚の出席を黙認していた可能性や、岡田自身が海軍内での大本の影響を少なからず受けていた可能性も捨てきれない。そうでなくて内務大臣の出席など考えられないからだ。

だがこのあとも王仁三郎は政府要人の出席などの世辞には目もくれず、農民救済や内外の諸問題について痛烈な政府批判を繰り返し、緩慢な政府の政策・対応に批判を浴びせていた。つまり、岡田内閣を「右から」叩き続けたのだ。

二・二六事件

時代状況からみると、大本の活動と二・二六事件の青年将校たちとの関係にはある種の共通認識があったとも見られる。

大本への第二次弾圧事件（昭和十年十二月～十一年春）は二・二六事件とほぼ時を同じくしている。これは偶然ではなく、青年将校の思想的背景にあった国家革新主義的な知識人、北一輝、西田税《みつぎ》らの動向と一致するからだ。北一輝は出口王仁三郎が唱えていた日本の「立て替え」「立て直し」を同じように考え、大正時代にはすでに王仁三郎自身が関西から上京して北と面会している。北の熱狂的信奉者だった西田税も同時に大本に特別な関心を寄せていた。この当時、王仁三郎が唱えたのは「大正維新」で、北が唱えたのは「昭和維新」である。二人が面談してからおよそ十数年を経た二・二六事件のあと、警視庁における尋問で北は次のように答えている。

大本教を私が直接最初に知りましたのは大正九年の事でありまして、私共は国家改造と云ふ事を考へて居りますし、大本教は同じ意味で建替へ、建直しと申して居るさうであります。其の間にお互ひに共通点があるのではないかと考へまして、大本教の人々が参りましたので、出口王仁三郎氏に上京して吾々と会見するやうに話しました処、大正九年八、九月頃と思ひますが、出口が上京したので、私、大川周明、満川《みつかわ》亀太郎の三人で初めて同人と会ひました。

（『二・二六事件秘録』別巻　原文はカタカナ）

北一輝に加えて大川周明や満川亀太郎（ジャーナリスト、思想家）の名前まで登場した。当時の警視庁の密偵だった人物の「内偵報告」によれば、北、大川、満川の方から王仁三郎宛に度々手紙を出していたと記されている。ところが北は最後には警視庁の調べに対し、

（出口は）変な姿だけの印象だけを残して、其の後は心に止めない様にして居りました。自分の信仰による神秘的経験から見ますと、大本教は神ではなくて相当通力を以《もっ》て居る邪霊である事が判りました。（同前『二・二六事件秘録』）

と批判的な見解を語っている。これから推すに二・二六事件発生当時には北、西田らと王仁三郎との直接的な関わりは薄かったものと思われるが、その途上にあっては一時期、同志的交友があったということだ。

北の妻・すず子がシャーマンだったことはよく知られている。北はすず子のお告げという形を通して『霊告日記』を昭和四年に記した。妻が神憑りして「神の言葉」を発し、それを北が判読して日記にまとめたものである。北は昭和初期段階までは霊術への関心とともに、自身の思想を完結させるためにも王仁三郎の熱量を必要と考えていたのかもしれない。

昭和十（一九三五）年、政府は大本と王仁三郎を治安維持法や不敬罪の容疑で徹底的に排除す

る決意を固めた。『新宗教　教団・人物事典』から第二次大本事件の経過を引いてみよう。

昭和十年十二月、第二次大本事件勃発。綾部と亀岡の本部施設は徹底的に破壊され、全組織は解体、全幹部が拘束された。容疑は不敬罪、および国体変革の意図あるための治安維持法違反。活動は制約され、出版物は発禁。拘禁と拷問の後、王仁三郎らは起訴。（中略）昭和十一年予審。第一審の判決は王仁三郎が無期懲役の有罪判決など、厳しいものであり、第二審は昭和十七年、王仁三郎懲役五年などに減刑、保釈となる。翌年双方が大審院に上告。

という経過をたどった。不敬罪と治安維持法違反とはいえ、死者が出たわけではなく、実際に著しい社会混乱が起きたわけでもないので、一種の宗教裁判といえる様相を呈していた。

昭和十六年になるとすでに述べたように、大本の流れを汲む峰村恭平、小田秀人、大嶋豊らが陸軍大将（予備役）・真崎甚三郎宅を訪ねている。しかし、この段階で時局は統制派の東條英機がほぼ全面的に優位に立っていたので、そもそも真崎の出番はないままに裁判は収束に向かいつつあった。大東亜・太平洋戦争にかかったためもあり、国家側にももはや余裕はなかったのだろう。無期懲役が一挙に懲役五年、保釈に縮まるなどの大幅減刑もみられる。

サリンはじめ大量の武器を所有、製作し、無差別大量殺人を計画、実行に移した近年のオウム真理教事件とは比べようもないが、当時の国民一般に与えた影響は「得体の知れない宗教は怖い」という素朴な感覚であろう。その心理状態が敗戦後も「新興宗教」という言い慣わしのなかに埋もれているように思われる。

敗戦後の判決では双方の上告が棄却された。加えて、GHQの占領政策によって内務省、特高のような警備機構が解体され、政府は大赦令を公布する。代わりに大本は国家に対しての損害賠償請求を放棄し、綾部、亀岡の聖地が無条件に返却されることになった。王仁三郎は昭和二十一年十二月、大本を宗教法人愛善苑として再発足させ、二年後の昭和二十三（一九四八）年一月、満七十六歳で病死している。

昭和十三年、大本裁判の法廷で王仁三郎は「アメリカとの総力戦で東京はススキ野になる」と証言していた。戦後は「マッカーサーは臍だ、朕の上にある」（出口和明『スサノオと出口王仁三郎』）とか「天皇陛下もどうもならんなあ、責任はやっぱり大将にあるから」（粕谷一希『言論は日本を動かす』第6巻）など本音とも冗談ともつかない奇抜な発言も残した。さらに生涯にわたって王仁三郎は合気道を極め、広めたほか、短歌、陶芸にも異才を発揮、幅広く足跡を残した。いずれにせよ、型破りな宗教者だったことは間違いない。以上が大本事件と出口王仁三郎をめぐるおおまかないきさつである。

大本が再出発する昭和二十一年十二月を目の前にした十一月三十日夕刻、璽宇もまた再出発のため金沢の地に新たな皇居を求め行動を開始した。

この前日の午後には双葉山が澄子夫人とまだ二歳半の長男を付き人に背負わせて朝方になるまでの間杉並の本部に二度目の訪問をしている。双葉山はその一週間前に国技館で断髪式を終えたばかりだった。本来は時津風親方として相撲協会の事業に励むところであろうが、彼は寸暇を惜しむようにして璽宇と女性教祖・璽光尊を訪ねたのだ。

金沢市内のどこかに皇居を定めねばならなかったが、まだ候補地はあっても決まってはいない。仮の落ち着き先として、金沢市西町にある前多一郎という縁故を頼った屋敷にとりあえず向かうことにはなっていたが、その先はまだ未定のままである。大所帯の一行にはかなり狭いと聞いてはいたが、今は小さくてもお宮が置ければそれでよかった。

三十人からの一行が十一月三十日夜、上野駅に大荷物を大八車に載せて集合した。北陸へ向かうホームは大混雑しており、夜行列車に乗ろうという客は前の晩から長蛇の列をなしている。その雑踏を掻き分けるようにして、双葉山が璽光尊や勝木たちの集まるホームに駆けつけてきた。妻子を両国ホテルに落ち着かせるや直ちにとって返したのだ。

敗戦直後のターミナル駅はどこも大混乱だったが、とりわけ上野駅は猖獗《しょうけつ》を極めていた。一行のリーダー勝木徳次郎が列車に乗車できなくて頭を悩ませていたそのとき、双葉山が昵懇《じっこん》にしている駅長に特別の配慮を頼んできた。お蔭で、別の通路からまだ誰も着席していない金沢行き列車に全員を案内してもらった、と「勝木手稿」に記されている。

璽光尊一行を乗せた金沢行き夜行列車は翌十二月一日朝、金沢に着いた。

ほぼ時を同じくして、昭和二十一年あたりから積極的な霊術活動を開始した人物に同じ女性霊能者、北村サヨがいる。サヨは昭和二十年八月に天照皇大神が自分に降臨したという自覚を持ったという。終戦前後のことである。以後、山口県の片田舎、田布施町にある自宅を道場として説法を開始、魂を磨けと説き、利己を捨てて真人間にならない者を「蛆《うじ》の乞食」などと呼んで世間を驚かせていた。

「宇宙絶対神」の無上の権威を主張し、昭和二十一年元旦の「人間宣言」を璽光尊と同じように諒とせず、昭和天皇の権威や他の宗教を全否定した。さらにその後は「踊る神様」「踊る宗教」として新聞紙上を賑わせた。

同じ田布施町の、北村サヨの家からほど近いところに住んでいたのが岸信介である。昭和二十年九月十五日朝、岸はA級戦犯の逮捕状が出たためいよいよ巣鴨プリズンへ向かわねばならず、門前で家族と水盃を交わしていた。元気が出るはずもなかったが、「それでは頑張って行って参ります」と精一杯挨拶をした瞬間、もんぺ姿で百姓身なりの女が庭先に入ってきた。女はいきなり杖の先で盃を突き飛ばすと、大声でこう呼ばわった。

「お前ら、何をしおたれておるか。岸は三年くらいしたら必ず帰ってくる。日本を再建するに絶対必要な男だから神様は殺しはしない。マッカーサーが何をしようが、岸は帰ってくるから留守中、元気に力を合わせてオレのところにお参りせよ。魂を磨いたら総理として使ってやるわい」

女の周囲には無我の境地になったような女性信者数人が思い思いに踊っていた。神のお告げだと言ったその百姓女が北村サヨだった。

この日の模様を後年になって岸から聞いている安倍晋三は「北村サヨさんに私もかつて祖父と一緒に会いに行ったことがあるんですがね。この人にやられるとみんなウジ虫になっちゃうんですね。出掛ける朝、サヨさんがやって来ましてね、『ウジ虫ども、ナニをやっているんだ。岸は必ず十年以内に総理大臣になって帰って来るんだ』って言われたと祖父からききました」と語っている（工藤美代子『絢爛たる醜聞　岸信介伝』）。

また、のちに本当に総理になった岸が挨拶に行くと「どうだ、岸。オレが言ったとおりになっちゃろうがァ」とも言った（上之郷利昭『教祖誕生』）。

北村サヨが「踊る宗教」で名を挙げていた一方で、璽光尊は派手な勧誘活動などはしなかった。呉清源や双葉山といった国民的スーパースターを中核信者にしてマスコミから関心を集めるという作戦だ。

戦前、戦中期間には内務省・特高などからの監視の目が強かったため、表面に出にくかった各新宗教が、戦後になって一挙に芽を吹き出したのがこの時期だった。まさに世は神々のラッシュであった。

敗戦の年の十二月十五日にＧＨＱから「神道指令」が発令され（天皇の神格否定、いわゆる「人間宣言」の年頭詔書はその翌年元旦）、二週間後には宗教法人令が施行され、誰もが簡略に宗派を設立できることになった。それまで社会の裏側に封じ込められていた「イキガミサン」たちや、自分が信仰する主神の方が天皇の祖先よりずっと正しい、立派だと思っている教祖たちが公然と布教を始めたのだ。

戦前から近年にかけて、代表的あるいは世上話題になった「新宗教」各派をいくつか挙げておこう。（五十音順）。

阿含宗《あごんしゅう》、三五《あなない》教、天津《あまつ》教、イエスの方舟《はこぶね》、大本、金光教、キリスト教の幕屋、幸福の科学、神政龍神会、神道天行居《しんどうてんこうきょ》、真如苑《しんにょえん》、生長の家、世界救世教、創価学会、善隣教、天照皇大神《てんしょうこうたいじん》宮《ぐう》教、天理教、真《まこと》の道、パーフェクト・リバティー教団、ほんみち、立正佼成会、霊友会。さらに、いわゆる隔離型教団として区別されることもあるのがオウム真理教、旧統一教会、エホバの証人など。

以上、こうした宗派が話題となった代表的な新宗教といえようか。天理教から分離独立した宗派には「ほんみち」が、大本系には三五教（あなない教）、神政龍神会、神道天行居、菊花会、璽宇、生長の家、世界救世教が、霊友会から分離独立した立正佼成会などがある。さらに、中国の宗教結社である道院は世界紅卍字会系宗派として、日本国内でも大きな影響力を持った時期がある。

新宗教と文学

古くは芥川龍之介が大本の影響を受けて『邪宗門』を書いたであろうことは先に述べたが、近年をみてもこうした新宗教を研究し、材をとって作品を著した作家は多い。思いつくままにいく例か挙げてみよう。キリスト教、仏教などの伝統宗教を題材にした作品（遠藤周作『沈黙』、三浦綾子『氷点』など）は無数にあり、ここでは割愛する。

武者小路実篤『教祖物語』、芹沢光治良『懺悔記』、丹羽文雄『蛇と鳩』、小島信夫『十字街』、高橋和巳『邪宗門』、三島由紀夫『英霊の聲』、石原慎太郎『巷の神々』、松本清張『神々の乱心』、村上春樹『1Q84』などがざっと挙げられるが、なかでも注目されるのは高橋和巳の『邪宗門』ではないか。

『邪宗門』は明らかに大本事件をモチーフとした大河小説である。国家に弾圧される「ひのもと救霊会」は京都にあって、開祖は霊能者の行徳まさ、二代目はその養子・仁二郎という設定などがいずれも大本を連想させる。開祖が書いた神示を「お筆先」と呼んだり、最高指導者を「教主」としたのも大本と同じである。だが高橋自身は「あとがき」においてあくまでもフィクションであることを強調している。

この作品の準備期間中、私は日本の現存の宗教団体の二三を遍歴し、その教団史を検討し、そこから若干のヒントを得た。とりわけ、背景として選んだ地理的環境と、二度にわたる弾圧という外枠は、多くの人々にとって、ああ、あれかと思われるだろう類似の場所および教団が実在する。だが、ここに描かれた教団の教義・戒律・組織・運動のあり方はもちろん、登場人物とその運命のすべては、長年温め育て、架空なるゆえに自己自身とは切り離しえぬものとして思い描いた、我が〈邪宗〉のすがたであって、現存のいかなる教義・教団とも無縁であることを、ある自負をもって断っておきたい。（『邪宗門』あとがき）

高橋和巳の母は熱心な天理教の信者だったという。彼自身は天理教の「踊り」についてゆくことができなかったと述べているが、作中で「ひのもと救霊会」に加入戦術を企てた千葉潔も同じように踊ることに嫌悪している。

このあたりは、「踊る宗教」の北村サヨと、あのようには決して踊れない璽光尊との対比ともとれる設定だ。知識人であるがゆえの否応もない「世直し」への身体的、精神的苦悩が見事に描かれた作品といえよう。

三島由紀夫は『英霊の聲』における古神道の霊術を神道天行居に取材した。三島は二・二六事件にこだわり続けたが、この作品では二・二六事件で処刑された青年将校と特攻隊の霊が古神道の儀式によって人間の体に宿り、いまや神ではなくなった天皇に無念を呟くという設定になっている。現代の御世にまで鋭い刃を突きつけようとするもので、今日ある天皇制度の根幹を問う作品である。また、終戦直後、璽光尊を始めとする幾人かの〝天皇〟が現われた現実を見た三島ならではの作品で、「血」への強い問いかけが示唆されているとも考えられる。

松本清張は長編小説『神々の乱心』を生涯最後の作品として手がけ、未完のまま他界した。特高警察の担当官が、宮中の女官と正体不明の新宗教の関係を探る意欲的な試みである。清張が主にモデルとしたのは海軍予備大佐の矢野祐太郎が昭和九年に結成した神政龍神会という教団で、他に天津教や世界紅卍字会（道院）の影響もみられる。矢野は大正時代に海軍内部で浅野和三郎らの影響を受け大本に共感して入信、のちに独立した。

注目されるのは昭和初期に良子皇后の女官長まで務めた島津治子（ハルとも）が神政龍神会会員となって昭和十一年に起こした「島津ハル事件」をモチーフに取り入れていることだ。治子は「昭和天皇は前世の因縁から早晩崩御する。後継には皇太子でも、秩父宮でもなく高松宮を立てるべき」と主張し、不敬罪により警視庁に逮捕された。教団内ではこうした宮中女官や上級軍人、政治家などが暗躍し、天皇の霊的覚醒を促すことを目的とした働きかけをするのだが、本作は未完のためそのあたりの成否は不明のままとなった。高橋和巳の『邪宗門』に対する清張なりの葛藤があったのかどうか、興味は尽きない。

自称天皇のラッシュ

璽光尊は世直しの切迫感から自らが天皇を超えた存在となった。人間となった天皇は璽光を補佐するものだとしてその立場を逆転させたわけだが、だからといって自身が天皇を名乗ったわけではない。呼称はあくまで璽光尊だった。ただし、逆説的に言えばこの発想もまた「人間宣言」の詔書にある「架空ナル観念」ではないかと思われるのだが、そこは信仰という概念によって免除される領域なのだろう。

璽光尊も北村サヨも天皇を名乗ったことはないが、実は敗戦後の日本には自称天皇が続出したということは今では忘れられかけている。

昭和二十一年二月から昭和天皇は神奈川県川崎市のかつて軍需工場として化学肥料などの生産をしていた昭和電工の工場視察を皮切りに全国各地津々浦々への巡幸を開始した。

その途上、同年十月二十二日に名古屋を巡幸したときであった。市役所前で帽子を振って群衆に応える天皇に向かって「あいつはニセモノだ」と叫んだ男がいて、周囲の群衆から罵声を浴びせられた。自称「外村天皇」を名乗るこの男性はなかなかの能弁だったようで、焼け跡から復興する名古屋の繁華街に立ってしばしば長広舌の演説をぶち、「昭和天皇はニセモノだ。私こそが天皇」と気を吐いていたという。

戦後しばらく経ったころ、三浦芳聖という男が三浦天皇を名乗り出した。後醍醐天皇が陽動作戦として吉野に設けた偽装朝廷をどう解釈したのか三浦天皇の始祖だとし、自らをその皇統家だと称したのだ。豊橋から近いある高台に小規模ながら御陵を造営し天照大御神始め多くの神が祀られていると主張。マスコミや宮内庁にも自らの主張を送り付け、「今の皇居は場所が悪いから狸に憑りつかれている。直ちに遷宮しなさい」などと主張したが相手にされなかった。

それでも、昭和三十年ころにはマスコミにも取り上げられ世上をにぎわせていたが、昭和四十六年に死亡すると自然消滅したようだ。やや新宗教の影響もあったと考えられ、「神風串呂《しんぷうかんろ》講究所」なる小規模ながら教団を設立し、信奉者もいた。著書に南朝を正統とする『徹底的に日本歴史の誤謬を糺す』（昭和四十五年刊）がある。

後亀山天皇の正系である尚尊王の家系だと主張した伊藤天皇という人物もいた。製材所を経営するかたわら南朝ゆかりの奈良県川上村の出身だということからそれなりの資料を持っていたようだが、果たしてどこまで信頼できるのかは不明のままである。

竹山稔は昭和三十年に没するまで、戦前から戦後にかけ「我こそは天皇である」との書簡を宮内大臣や内大臣宛に出したり、大覚寺統天皇家の正系だとして「竹山天皇」を自称してきた人物だ。浜松市郊外に住んでいた農民だったとされ、竹山家の墓は陵墓と呼ばれていたが真偽のほどは定かではない。

こうした自称天皇を名乗った人物はおよそ二十人にも及ぶとされるが、もっとも有名になったのは熊沢天皇こと熊沢寛道天皇であろう。

熊沢天皇が一躍脚光を浴びたのは昭和二十一年一月、アメリカ人の記者五名とGHQの将校らが取材に訪れ、『ライフ』誌や「星条旗新聞」、AP通信等で報道されたのがきっかけだった。その報道がさらに日本国内の各新聞社でも大きく取り上げられ一挙に有名になったものだ。

名古屋市内で雑貨商を営んでいた熊沢天皇がこうして注目を浴びるようになった契機を考えると、やはりこの年の元旦に発せられた天皇による「人間宣言」（神格否定の詔書）の影響があると考えられ、また直後の二月に始まった全国巡幸の際に起こった大衆的人気沸騰に対する逆説的な感情を抱く戦中派の存在も多少影響したのではないかと思われる。

その後、熊沢天皇は全国を巡幸する天皇の後を追うようにして遊説に歩き、南朝の正系が自分であることを訴えたが、やがてマッカーサーが天皇を訴追せずにかえって利用する方針を固めると熊沢の人気も次第に冷めていった。晩年の熊沢は支援者の家を転々としながら、南朝の正統性を訴え続け、昭和四十一（一九六六）年、膵臓ガンで「崩御」している。

これら自称天皇は不思議と名古屋界隈から京都にかけての出身者が多いのは、やはり南朝発祥地との関連なしとは思われないが、いずれも歴史的な根拠に関しては決定打に欠け、成功した例はない。「ニセ宮様」というのはしばしば出資者をつのる手段として功を奏した例もあるが、「ニセ天皇」は、歴然とした天皇がおわす限り、いかなる主張をしようともフェイクニュースで幕を閉じる。

昭和二十一年十二月一日、璽宇一行は北陸路を目指していた。実は璽宇は石川県支部（加賀支部とも）なるものを十月の内にすでに結成している。北陸路はもともと大本の流れをくむ璽宇系の信者が多い土地柄で、青森県八戸地方などと並んで、璽宇の拠点となりうる地域だった。小松市近くの、日本海にへばりついたような海岸沿いの町に有力な信者がいた。登記簿によれば、「石川県能美郡根上町字浜　吉田清衛門方　西口雪子」となっている。西口雪子は県支部長だったが、その後、璽光尊専属の御膳部を任されることになる。

璽宇一行はいったんこの石川県支部に身を寄せ、数日後に金沢市内へ移動したのだ。石川県警の調査報告書には、

県支部が結成されてから二か月後の十二月一日璽光尊らが同支部に移り、数日後に、金沢市西町二番丁、前多兵次郎（引用者注・「勝木手稿」では前多一郎）方を仮寓とし――（『石川県警察史』下巻）

と記されている。璽光尊が着いた金沢地方は、折からの氷雨と風雪に見舞われていた。

十二月六日、金沢市内は朝から再び雪まじりの氷雨に見舞われた。駅前で大八車数台を借り、悪天候の中を仮住まいの前多一郎宅がある西町まで三十分ほど歩くことになる。

「天璽照妙」と染め抜かれた幟が、日本海から吹きつける強風と氷雨に大八車の上で大きくあ

おられた。先頭を歩く勝木たち幹部信者に続いて呉清源夫妻とその妹が璽光尊を挟むように囲い、三十人からの列は続く。璽光尊は頭から紫の頭巾を被り、整った細面だけがのぞいている。合羽を羽織ってはいるものの、寒さは尋常ではない。だが、イキガミサンは新たな皇居を目指して、北陸の白い街をたじろぐこともなく歩を進めていた。

第四章　天皇の踏み絵

天皇喪失

十日前に髷を落としたばかりの双葉山である。相撲協会ではすでに年寄時津風親方だが、璽宇内では相変わらず双葉山と呼ばれていた。
十一月三十日朝、上野駅のホームで別れの時間が迫ってきた瞬間まで、双葉山は「このままついて行きたい」と言っていたという。はやる双葉山を勝木は次のように抑えている。

私たちは彼の言葉を制し、そのかわり太宰府へ帰って、改めて早く引き上げて金沢へ来るようにと諭した。そしてしばしの別れをお互いに慰め、上野を後にした。（「勝木手稿」）

妻子を伴った双葉山は、十二月初頭太宰府の道場へ戻った。ところがほどなくして、金沢で前多一郎宅にいったん落ち着き、荷をほどいた勝木から「ハヤクコラレタシ」という電報が届くようになる。双葉山の方は、太宰府に戻って弟子たちと土俵に上がってみれば、それはそれでなかなか金沢行きの踏ん切りがつかなくなる。気が変わったというのではないが、稽古の合間に野良仕事で泥にまみれて気を紛らわせていると、体が土に馴染む気もするのであった。弟子たちも総出で、さつま芋を採ったあとの畑を手入れし、冬場をしのぐ野菜に肥やしを撒き、柿の実を採り、川へ行っては小魚を獲ったものだ。魚を獲るのは子供時代、海に出ていた分、双葉山が一番うまかった。

煩悶する日が幾日か続いた末、思い切って金沢行きの切符の手配を済ませた。そうすることで行き先の分からない列車に乗っているような自分に決心をつけたのだろうか。勝木にも電報を打ち返した。

アスツク　スモウニミレンハアリマセン　フタバ

切符を買ったあと、双葉山は太宰府天満宮に詣で、「相撲に未練はございません」と報告したという。国民的栄光も、もはや過去の遺物に思われた。なぜ双葉山はここまで土俵人生に魅力を失ってしまったのか。かつて最強と言われた時代に、吉川英治が書いてくれた言葉が頭に浮かんできたりもした。

「江戸中で一人さみしき勝角力」

戦時下、双葉山には相撲と天皇という二つの確かな至福があった。生きている証といってもいいだろうし、幼いころからの道標でもあった。その相撲に体力の限界を感じ、天皇さえも今となっては新たな神ではなくなり、欠落感が深かった。天皇喪失と言ってもいい。こうなった以上、双葉山は新たな神を求めて、玉砕に打って出るほかないとの思いに達したのだろうか。彼は一瞬の迷いを捨て、一挙に金沢行きの切符を手にして璽光尊のもとへ向かう選択をした。双葉山の乱としか言いようのない瞬間でもあった。

昭和二十一年も押し迫った十二月十五日の夕刻過ぎである。この日も金沢は雪まじりの氷雨が降り続いていた。金沢市西町の前多一郎宅で夕食を済ませたばかりの勝木たちは表で人のざわめくのを聞いた。

「双葉山関のご入来!」

二人の人力車夫が大きな声を上げて玄関先から飛び込んで来たかと思うと、そのあとに双葉山が狭い土間に突っ立っていた。

上野駅で別れたときは髷を落として七三に分けただけの頭だったが、眼前に立つ双葉山は丸刈り頭になっていた。相変わらず目鼻立ちのいい美男子ではあるが、大男ゆえに容貌魁偉ですらある。表情は戸外の寒さにもかかわらず紅潮し、目元は潤んでさえ見えたと、勝木徳次郎はこの日の模様を記している。

……双葉が泣く……いや「泣く」ではなく「哭《な》」いたのであった。璽宇へ着くと簡単な夕食（この日赤飯は彼の今日の首途を祝うかのように用意されていた）を済ませた彼は、懐かしげに璽光尊様の御前に畏《かしこ》まっていた。そして璽光尊様が郷里の事などをお訊ね遊ばされてもそれは口を重くして、ただ現在この小さい狭い家に大神様の御遷座せられているのは余りにもったいないという。しかし璽光尊様は、「いやいや、世直しです。開闢《かいびやく》以来の世界の建て直しですから、神の子は苦修しなくてはなりません。どんな小さなお宮であっても天照皇大神《てんしようこうだいじん》様を奉じてあるところが、地上の高天ヶ原です。ここは世直しの本部です」（中略）

この時、彼が泣いたというのは彼の魂（天責者）の雄叫びだったのである。（「勝木手稿」）

相撲を捨てた双葉山は魂の叫びを挙げ、「ついには霊格者として生まれかわったのだ」と勝木は続ける。璽宇ではそうした交霊状態になった者を「天責者」と言って敬った。

思えば双葉山は相撲人生の中でも周囲からその強さ故に「神がかっている」とも「神秘的だ」などとも言われたものだ。昭和十四年春場所、双葉山の七十連勝を阻んだ男としてその名を残した安藝ノ海（当時前頭三枚目、のち横綱）は、後年になって当時を振り返り次のように語っている。

双葉山が名横綱とされるゆえんは、相撲史上に輝くこの連勝記録もさることながら、むしろ私はそれ以上に、その土俵態度、とり口にあらわれた何か神秘めいた精神力の不思議さにあると思う。思えば戦前の相撲は双葉山とともに栄え、双葉山とともに衰えて行ったのであった。（「文藝春秋」昭和三十年六月号）

安藝ノ海が見とおしたように、双葉山には一種の神秘的で霊的なものが潜んでいたと、傍《はた》からは見えたのかもしれない。「双葉関には霊感が備わっていますね」と信者仲間から言われると、彼は「いや、そもそも相撲は神事ですから」と応じていた。

神が降りた

双葉山が天責者となった証は、仮住まいだった前多一郎の家からようやく遷宮する日にはっきりと現れる。前多一郎の縁戚筋にあたる前多平作の屋敷が次の新しい皇居と決まった日である。

その日、昭和二十一年十二月十七日朝、璽宇一行は金沢市高岡町下藪ノ内二番（現・高岡町七番二十三号）に住む前多平作邸に向かうため、出発準備にとりかかっていた。行き先の藪ノ内の家（日常的には松ヶ枝町と呼ばれていた）までは、距離にすればわずか三百メートルほどの近距離だ。遷宮作業は簡単と思われていたが、あいにくこの日は明け方からの激しい豪雨となった。下準備が済むと、午前十時から遷座の式が始まり、十二時にはご神体の移動、これも璽宇流には

「御神体奉遷」と言うのだが、とにかく引っ越しの行列が開始される予定となっていた。

俗世間では雨天順延とするところだが、こうした神事に順延は許されないらしい。なにしろ天地創造神を奉っている自負が許さない。天照大神様のご遷宮ゆえ、延期はあり得ないままに、一同天を仰いで、沛然《はいぜん》と降る雨を見上げていた。やがて室内での式だけは滞りなく終わり、礼拝が済んだときだった。それまで座敷の隅に端座していた双葉山が一礼すると、やおら起ち上がって戸外に向かい、

「九頭竜神、九頭竜神　大神様の御発ちだ、しばしこの雨を止めよ」

と大声を発したのである。すると、今まで降っていた豪雨がピタリと止まり、名残りの雫だけが軒をしたたるだけとなった。このあと、一行の行列は市電の通りを横切り、二時間ほどかけて荷物の運搬も終わり、遷宮は無事終了したのだった。勝木はこの日の奇蹟のような出来事を「不思議なことにこの後はまた、元の物凄い雨脚が地面を叩きつけ、室内での会話もできないほどであったのをよく覚えている」（「勝木手稿」）と書き残した。

この逸話は、双葉山がいよいよ霊格者になった、すなわち神が降りてきたと周囲から尊崇の眼でみられるようになった日だとされている。

天変地異

金沢は言うまでもなく旧加賀前田藩の城下町である。空襲を免れた数少ない大都市で、市中

の街並みには昔からの歴史的風情が数多く残っていた。加賀友禅、茶道具、陶器などの伝統工芸を扱う商店が目に付くほか、金沢城址にはかつて精鋭を誇った旧陸軍第九師団司令部の跡や赤レンガ造りの兵器廠跡などがひときわ目をひく。

その城址から目と鼻の先にある藪ノ内一帯は古くからの織物問屋街で、前多邸も同じく織物問屋の大店であった。軒下には「前多平作商店」と書かれた看板があるが、それを圧倒するような大きさで「璽宇」と書かれた大額が掲げられていた。三十人からの大所帯が入っても十分なほどの屋敷構えで、新たな璽宇皇居としてはうってつけであった。裏が松ヶ枝町小学校（当時は松ヶ枝国民学校）、市電道を挟んだ向こう側に金沢地方専売局、高等女学校などが並ぶ一画がある。璽宇にとっても、人通りが多く、周辺住民から信頼されてきた屋敷は好印象を与える意味で格好の場所と思われた。ただし、目立ち過ぎるのを避けたのか、「璽宇」の額は後日外されたとの説もある。

「前多平作商店」は現在では金沢市松ヶ枝公民館となっているが、その記念誌には、

松ヶ枝公民館は其の当時個人の所有でしたが、この家へ璽光尊という女の方が当時の横綱・双葉山並びに碁の名人呉清源を連れて乗込みました。（松ヶ枝公民館三十周年記念誌「松ヶ枝の広場」）

と明記されている。

璽光尊は床の間付きの八畳間に天照皇大神《てんしょうこうだいじん》の御神体を安置して居を構えると、家主の前多夫婦の方は三畳しかない女中部屋に押し込んでしまった。遷宮の度に似たようなことが行われており、これまで家主とのトラブルのもとになってきた主因でもある。一方的な璽光尊のわがままにしか見えないが、これも神示と言われれば信者になっている家主も従わざるを得ない。

屋敷の周囲にはしめ縄が張りめぐらされ、中からは昼夜の別なく神楽太鼓の音が響き、ときに呪文のような声も漏れてくる。古くからの付き合いも多い大店である。近隣に住む金沢人の目から見れば奇異に映ったのは当然であろう。加えて、坊主頭になった不世出の横綱・双葉山と囲碁の天才・呉清源が出入りし、幟旗などが立てられた新興宗教がやって来たとなればなおさらであった。否応なく周囲から好奇の目に晒されることになる。

さっそく地元の新聞社などが嗅ぎつけ、噂の新興宗教が来たというので絶好の取材対象となった。対応には総理の勝木徳次郎や幹部信者の清水誠次、長岡忠孝らが当たり、教祖様は連日連夜ひたすら神示に明け、神示に暮れる日々を送っていた。最も忙しいのは信者たちで、たとえば呉清源は自身の回想録で、
朝は五時前に起き、夜は床に就くのが午前一時過ぎで、睡眠時間は毎日四時間足らずであったから、床に入ると、あっという間に死んだように寝込んでしまう毎日であった。一日の

うちの半分以上はお祈りで過ごし、あとは、私の場合、参拝に来る人に法を説くことが主な仕事であった。(『以文会友』)

と語っている。加えて御神楽舞い、死者(亡霊)の供養などに勝木や呉、双葉山らは忙殺される毎日を過ごすようになっていた。

璽光尊の精神状態は、以前に増して明らかに高揚している様子だった。新天地に居を構え環境が大きく変わったことが緊張感を増し、霊的な高揚感を増幅させていたのだろうか。突然、神示によって「年明けの一月十五日に東京、横浜方面に天変地異が起き、大半が壊滅する」との予言を発した。

予言直後の十二月二十一日早朝、関東大震災並みの大地震が熊野灘に発生した。南海地震と呼ばれたこの震災による被害は四国、九州に及び、津波の被害も重なって死者約千五百名に達した。

璽光尊は記者会見などをして予言を発表したわけではないが、一種の流言のようにして天変地異の噂は強いインパクトをもって金沢市内に広まってしまった。すると、金沢市民や近郷の農民たちなどが次々と参拝に訪れ、白米や野菜、衣類を競って奉納する。やって来た人々は、玄関先から便所の草履に至るまで飾りたてられた十六弁の菊の御紋章に驚き、急ごしらえの信者が続出し、璽宇からは大きな菊の紋の下に松竹梅と書かれた璽宇発行の私造紙幣が渡された。

杉並時代から発行されている璽宇内部にだけ通用する紙幣だが、未曽有の大災害がくれば従来の紙幣は紙屑となり、璽宇紙幣だけが通用すると説かれれば、スーパーインフレに脅かされていた終戦直後のことなのでにわか信者たちはありがたがって押し頂いた。わずか一ヵ月の間に奉納された米は六俵余、現金二十五万円に達したという。

年末になると璽光尊は「衆生済度《しゅじょうさいど》のため」（生きとし生けるものすべてを救い出すこと）として、幟旗を立てて「天璽照妙」を高唱しながら市内を練り歩く宣伝部隊を出陣させた。いわゆる街宣活動である。

その先頭を行くのが丸刈り頭になった双葉山と呉清源で、美人の誉れ高い二人の巫女らがそれに続く。

双葉山は璽宇内でも常に先頭を切って修行に励んでいた。朝まだ薄暗い時間から風呂場で冷水を浴び、「天璽照妙、天璽照妙」と唱えていたと「勝木手稿」にはある。

国民的英雄でもあった双葉山と当代随一の天才棋士が揃って目抜き通りで「天璽照妙」を唱えている姿は、一般市民から見れば異様な光景に映ったであろう。雪道の繁華街を彼らが練り歩けば、否が応でも新聞ネタになる。

スパイ潜入

国家神道を禁止したものの信教の自由は保障した占領軍であったが、極度な天皇中心、国家中心の宗教については神経を尖らせていた。ましてや璽宇はマッカーサーに対して「参内せよ」などと再三直訴に及んでいた経緯もある。その動向が警戒されていたのは当然であった。璽宇の動向の詳細を調査するようGHQ内のCIE（民間情報教育局＝第一章「人間宣言」参照）から石川県警（当時の正式名称は石川県警察部）に指令が入ったのは、昭和二十一年十二月に入って間もなくのことだ。金沢遷宮のころと合致する。

所轄の石川県警金沢市玉川警察署（現・金沢東警察署）では神平量恵署長が現場責任者だった。神平は県警警察部長・安堂誠一（本部長という職名になるのは昭和二十七年以降）から「喫緊の事案である」と強い指導を受けていたことから、璽宇内への内偵作戦を具体的に開始する腹をくった。

十二月半ばころである、神平はひとつ腹案を思いついた。仕事の付き合いからたまに酒も飲む地方紙記者の男が、「潜入記でも書けないかと思って、最近、璽光尊のところに出入りしている。まあ、半分信者みたいな振りをしないとならんのですがね」と言っていたことを思い出したのだ。北陸の地方紙「新日本」という新聞社の発行者兼記者で、名前は明翫外次《みようがんがいじ》郎《ろう》といい、アテもなく探すよりよほど信頼できるだろうと思った。安堂本部長も了解済みである。

神平はさっそく明翫と接触し、密偵役を頼み込んでみた。明翫自身が後年、そのいきさつを「文藝春秋」に「璽光尊・双葉山検挙事件のスパイ」という原稿を寄稿、告白している。

かねて顔見知りの呉清源を訪ねて懇談したのが、私の璽光尊参りのきっかけである。当時呑み友達の玉川警察署長（金沢）神平量恵氏にこんなことを頼まれた。

「明翫さん、貴方は最近璽宇教へ行っているそうですが、あの正体を一つ摑んでくれませんか。占領軍も喧《やかま》しいので管内にいる以上どうしても捨てて置けないんですよ」と神平署長は神妙な顔付きでいう。

「（中略）ともかく貴方が内部に深く入り込んで具体的なものを拾ってきて下さい。頼みますよ」と云った。（「特集文藝春秋　今こそ言う」昭和三十二年四月、以後「明翫手記」抄出）

明翫外次郎が改めて警察のスパイとなって潜入した三日目のことだった。璽宇の奥まった一室、和室の六畳間で明翫が火鉢を抱えて一人で温まっていたときである。音もなくすっと障子戸が開くと、白装束に黒い兵児帯、右手に直径数センチほどの棍棒を握った大入道のような男が入って来ると、殺気立った声で言った。

「邪魔者は叩き殺すぞ、私は素戔嗚《すさのおの》大神だッ。（中略）魂を入れ替えて、大神様に仕《つか》えよ、わかったかッ」（「明翫手記」抄出）

と一喝すると静かに部屋を出て行ったという。もちろん、大男とは双葉山その人だった。名横綱が姿を変え、璽宇に帰依したその形相を明翫は間近に見た。

ニセ信者を装って侵入して三日目のこの出来事は、自分の不審な態度を見抜かれてのことか、あるいはいい加減な根性の覚醒を促すために璽光尊が双葉山を使って打ったひと芝居ではないかと、彼は思った。翌日からのスパイ明翫は、信者と見分けがつかないほどなりすましに専念、真摯な態度で璽光尊参りを続けるよう心掛けた。

それからというもの明翫は再三にわたって神平署長と極秘裏に接触、信者からの奉納品、私造紙幣の乱発、その日の出来事などの情報を伝え、警察当局を喜ばせた。一方では敬虔な信者として璽宇内では振る舞い、信用度は増していた。

ちょうどその頃、明翫は自身が発行している地方業界紙「商工経済民報」(昭和二十二年一月一日発行)に璽宇を絶賛するような提灯記事を書いた。これが璽宇側からの猜疑心を払拭させる有力な要因となった。その成果もあってか、正月明けの七日午後七時、明翫を正式な信者として認定する認証式が行われた。

約三十分に亘る巫女の舞楽が終わると隣室から、〝神武天皇の御降臨ッ!〟という角力の呼び出し小鉄のような口調の声が響いた。すると双葉山がやおら起ち上って祭壇を背に、私の方を向いて盛んに弓を引く素振りをしている。(中略)

巫女の一人が容易に頭を上げ得ない私に寄りそって来た。

「只今神武天皇様が貴方にお力をお授けになられます」と告げると、早くも双葉山の大きな

団扇のような手が私の背中に乗っていた。（中略）
「貴方に神武天皇様の御魂が入りました。今後神武天皇様の霊格者として大神様につかえるわけです。おめでとうございました」と得意そうにいう。（「明翫手記」抄出）

こうして明翫外次郎は璽宇での霊格者となり、「侍衆を許す」と書いた大きな奉書紙が渡され、幹部信者の末席に列することとなった。式が終わると次の間には祝膳が用意されており、二人の板前が腕によりをかけて作ったという豪華な料理や赤飯までが並べられていた。もちろんこの一切は翌朝、神平署長の耳に届いた。

一月十三日、璽光尊が天変地異を予言した二日前である。双葉山たちは石川県庁前の広坂通に繰り出し練り歩いていた。県庁は国会議事堂の設計者が建てたという赤レンガ四階建ての瀟洒な建物で、一帯は繁華街の香林坊に隣接し、主要官庁などが集中する区域である。その前を「天璽照妙」と書かれた幟を押し立て、「天璽照妙、天璽照妙」と大声で唱えながら歩く一行の記事と写真が全国紙に掲載された。

これは神々の地方巡業おひろめの図――例の「璽光」さまなる神様が、東京、横浜に天災地変があるというので遠く金沢へ都落ちしたのは去年の暮れのことだったが、その輝ける使徒二人、丸刈頭に国民服の双葉山と呉清源が〝天璽照妙〟と璽宇教の有難さを大書きした長旗をかつぎ、美人のみこ二人を引きつれて、十三日石川県庁にまかりでた。すなわち「お告げがあったぞよ」と、かくは角界と棋界の両巨星を連ね、街頭をまかり通るところである。

(「朝日新聞」昭和二十二年一月十四日、抄出)

このときすでに石川県警ではCIEから調査と取締りの通達を受け、極秘裏に璽宇に対する内偵を開始していた。CIEは調査報告をGHQの対敵課報部調査分析課長の肩書を持つカナダ人外交官ハーバート・ノーマンに上げていた。ノーマンは長野県軽井沢で生まれた日本通外交官として知られ、当時マッカーサーの信頼が特に厚く、様々な戦後日本への情報活動に携わっていた人物だ。だがのちにFBI捜査官による調査(アメリカ上院議会における証言)によってコミンテルンのスパイ容疑濃厚と判断され、自殺に追い込まれた人物でもある。

十五日は璽光尊が天変地異を予言した日だというので、近郷近在の住民たちの間では大騒ぎになったが、その日がきても東京、横浜はもちろんのこと、北陸でも何の異常現象も起こらなかった。

「天璽照妙」を唱えお参りせよ、と説いていたにもかかわらず予言は外れ、信者だけが増える。家財道具を田舎へ疎開させる者や、自ら都会から離れる恐怖病患者も出てきた。神平署長は璽宇検挙を検討したが、流言飛語や奉納品、内部で使う私造紙幣発行だけで引っ張るのは証拠不十分で無理と判断、対策を練っているところへ件の明翫がやって来た。

一月十七日だった。今回の明翫情報というのは、「金沢市郊外の××町に住む某農夫が娘のてんかんを治すために璽宇に帰依し、治るからと言われて三万円もの現金と晴れ着時価一万円相当を奉納して日参したが病気は容易に治らない。農夫は仕方なく一旦奉納した物品を返してくれるよう頼んで日参したが、一向に相手にされず途方に暮れている姿を目撃した」という話であった。明翫が潜入してから一ヵ月あまりの間だけで奉納された米はおよそ六俵以上、現金二十五万円に達していたことも確認された。

所轄の金沢市玉川署では、もともと容疑が強かった米の大量奉納は現物さえ押さえられれば食糧管理法違反が成立するのと、農夫本人からの事情聴取、告訴状提出を受けた段階で、捜査会議を開くことになった。玉川署としては、宗教団体への家宅捜査や逮捕状請求に必要な書類を慎重に準備し、県警本部の指示を仰ぐという手順である。神平署長から県警の安堂警察部長に準備完了の報告が入ったのが翌十八日朝だった。

十七日午前、神平と城址公園内にある旧陸軍第九師団司令部跡の一室で密会した明翫外次郎は、昼過ぎには何食わぬ顔で歩いて数分程度のところにある「高天ヶ原」に戻っていた。信者仲間では本部の修行部屋を「高天ヶ原」と呼んでおり、明翫もそうした璽宇内部だけの共用語にすっかり慣れ親しんでいた。神武天皇の霊格者で侍衆にまで昇格した以上、あとは神平との約束である確実な証拠を摑むのみだった。

同じころ、璽宇の奥まった御座所では、出御した双葉山が璽光尊の前にぬかづいていた。すでに大膳部から西口雪子が運び入れたクワイ、米、餅、海苔などが祭壇に供えられている。石川県能美郡根上町で県支部長を務めていた雪子は、璽光尊に従って金沢へ移ったのち、大宮売《おおみやめの》神《かみ》（大膳職を司る女神）の接霊を受け、昇格していた。

正面には天照皇大神が祀られ、気品を漂わせ薄化粧した璽光尊が「天璽照妙、天璽照妙」と唱えながら双葉山の頭の上でお祓いをする。この御座所を璽宇では高天ヶ原と呼んでおり、神霊の降りる特別の場として扱われていた。傍には神事のシテとなる巫女の二人（和子、叶子姉妹）が座っている。

ここでは人間の意思を超えたある大きな力（神）によって現われた姿（象）を神事と呼ぶ。これは神霊の場合だが、一般死者の霊魂を呼び出して供養することもある。いわゆる霊媒だが、これまでにも双葉山が霊媒になったこともしばしばあって、勝木徳次郎が記憶しているものだけでも、蟬丸、明治天皇、レーニン、そして現役横綱として亡くなった玉錦などであった。玉錦は小兵横綱ながら全盛期の昭和十三年十二月に無念の急病死を遂げていた。昭和十一年五月の夏場所だった。一月初場所七日目から全勝記録が続いているその九日目、関脇だった双葉山は、ここまで全勝の横綱玉錦と当たった。互いに全勝のままぶつかり合った末、双葉山は玉錦を破り「覇者交代」の一番としてその後も長く語り伝えられたのであった。六十九連勝にはずみが掛かった因縁ある相手であった。

玉錦が四国高知の生まれだったということは生きていたときは知らなかったのに、今、霊魂が喋ったので知りました。(「勝木手稿」)

と双葉山は勝木に語っている。

やがて巫女の手によって神事が書き写された。そこには、双葉山は世直しのため神によって下された使徒で、「護良《もりよし》親王弟懐良《かねよし》親王の生まれ変わりである」と書かれていた。二人の親王は後醍醐天皇の皇子とされ、懐良親王は鎌倉時代末期から後醍醐天皇の南北朝時代にかけて南朝の征西大将軍(四国、九州を平定した将軍)となった特別高貴な身分の皇族である。後醍醐天皇の皇子・懐良親王の生まれ変わり、とされた双葉山は、いつの日か世直しが成った暁には宮家の称号を賜ることとなったのだ。

璽光尊は双葉山を南北朝時代の将軍皇族の生まれ変わりだと告げ、その名も素彦《もとひこ》と呼ぶようになった。守護の篤い素戔嗚尊《すさのおのみこと》から素を戴いたものだという。双葉山こそこの世に二、三人しかいない偉大な霊格者、天責者であると称揚し、彼を股肱《ここう》の臣として遇したのである。ここで言う天責者とは、平たく言えば「本モノ」という意味になり、それに反してスサノオに背く者は「魔賊」とされ「ニセモノ」と断定される。

第一の側近は、璽光尊こと長岡良子が昭和九年ごろ高熱を発して初めて神の啓示を受けた直後から行動を共にしてきた勝木徳次郎だったが、昨今の双葉山へのご寵愛ぶりは勝木に勝るとも劣らないものがあった。双葉山自身が「金沢市松ヶ枝町　璽宇　双葉山素彦」という手書きの名刺を作っていたほど自信にも満ちていた。

それでもなお、璽光尊は双葉山の上に立つ天皇たる地位を周囲に見せつけようとしてやまない。

そのいい例が双葉山を指一本で倒して見せる神技である。この技は双葉山が懐良親王の生まれ変わりと告げられた日から連日日課のように続けられているのを誰もが見ていた。

璽光尊が双葉山の額のあたりを白い人差指の先で軽く押すと双葉山の巨体が大きな音を立てて畳の上に仰向けに転がるのだ。巫女や勝木が居並ぶ前で無様に転がった双葉山は、もがくように起き上がるのだが、再び璽光尊の指先が伸びてもんどり打つのであった。

日下開山、天下無双と讃えられ、絶頂期にはあまりの強さから、「双葉ッ、負けろい」とまで声が上った横綱である。どうして璽光尊のあの細腕の指一本で簡単に転げ落ちるのか、見ている者には不思議でならなかった。双葉山も座ったときには倒れまいと必死でこらえているのだが、どうにもならない。神技としか言いようがない、と後ろから見ていたスパイの明翫外次郎は思わず身震いがしたという。明翫の手記である。

私が双葉山に「大神様の指一本で貴方ともあろう人が簡単に倒れるのはどうも腑に落ちぬ。あれは単なるトリックではないですか」と問い詰めると、双葉山は憤懣やるかたないというような顔で「全く大神様のお力には敵わない。わしはあれで精一杯の力を出しているのだ」といっていた。（前掲「明翫手記」）

こうしたさなかに、マスコミと警察が協調して双葉山を璽宇から脱会させようという計画が実行に移されていた。その第一弾は「朝日新聞」記者による「双葉山奪回作戦」とでも呼んでいい動きである。

「朝日新聞」と石川県警

ＣＩＥからの要請もあって石川県警が璽宇への内偵を強化していたころ、双葉山の友人を名乗る「朝日新聞」の記者が璽宇から双葉山の奪回作戦を開始しようとしていた。記者は社会部（当時宮内省担当記者、のちテレビ朝日映像社長）の藤井恒男といい、相撲記者ではないものの、縁あって前頭時代の双葉山と酒を飲みかわす付き合いがあったのだと後年回顧している。

紺がすりにセルの袴姿の大学生、卒業後、新聞記者になろうなどと考えてもいなかった書生時代である。友人の案内で、生まれて初めて相撲見物をした私は、横綱玉錦に真っ正面から挑んでいる精悍な力士に目を奪われた。それが双葉山である。その友人の紹介で、私は彼と知り合った。そしてすっかり意気投合し、飲み仲間となったのである。（「名横綱双葉山を友として」「文藝春秋」昭和四十四年二月号）

藤井はカメラマンの古川秀二を連れて金沢へ飛び、璽宇を訪ねると探訪記のようなものを書くところから開始した。

藤井が奪回を計画した理由は二つ考えられる。金沢市内で幟を立てて練り歩く姿や、「天変地異をいたずらに煽る」などの情報が各紙に出るようになり、親しくもあった双葉山を取り戻せばスクープ記事が書けると考えたこと。これは単純スクープ説と言ってもいい。

もう一つは、九州・太宰府から妻・澄子が訪ねて来て、八十人からいるという弟子の救済のため「親方の救出」を頼まれた、という理由である。澄子は結婚して以来、人前に出ることを避け、マスコミ嫌いとしても有名だった。自ら進んで新聞記者に会いに来るなど考えられないことだったので、藤井が飛びついたのも分からなくはない。彼は後年になって『今なら話せる』（昭和五十八年刊）という回想録を残している。

澄子夫人が福岡から小宅を訪ねてきた。相談である。道場の力士たちを食べさせるため自分の持ちものを、すでに売ったり、入質したりして資金をつくっている。このままでは続かない。一日も早く、親方に、帰ってきて弟子たちの面倒をみてくれるように、働きかけてほしい——という切ない依頼である。(『今なら話せる』)

これが金沢へ乗り込む理由だったとしている。だとすれば、考えられる第二の理由は妻の懇願説とでも言おうか。

それはそうかもしれない。だが、藤井のとった行動は妻や弟子のために双葉山を救出し、美談仕立てのスクープ記事が書けることを思いついた、というレベルでは済まないほど高度に複雑な計画だった。実行するためには警察幹部や県のトップなどとも綿密に案を練り、ひと芝居打つ、という入り組んだものだった。つまり、両者の名分はあくまでも、「世間を攪乱する璽光尊逮捕と璽宇解体、双葉山の救出」のみにあって、他の信者はどうでもよかったという側面がある。

傍で見ていた呉清源の見方を紹介しよう。

藤井さんは、こうなった以上、双葉山を取り戻すには警察の手を借りるほかはないと判断し、話を警察に持ち込んだ。そこで警察は、璽宇では信者が自分のところで取れた米を寄進していることに目をつけ、米の統制令違反を名目に、璽宇を手入れすることに決めた。(中略)真の目的は双葉山を璽光尊から引き離すことにあったことはまちがいない。(『以文会友』抄出)

出張取材の許可をとった藤井が金沢市高岡町下藪ノ内の璽宇本部に現われたのは、「勝木手稿」によれば昭和二十二年一月十六日か十七日と推測される。事前に双葉山を通じて内々に取材許可を取っていたのだろう。璽宇を訪ねると、玄関を入った正面の机に呉清源が座っていた。二階へ案内されると双葉山が待っており、周囲には再会を喜んでいるようにも見えたという。藤井はさっそく説得を始めたものの通じない。双葉山は逆に藤井の方を救わねばならないと言い出し、説得は平行線のままだった。その後、璽光尊への拝謁が許された。神の家、すなわち高天ヶ原での取材の一端を回想録から拾っておこう。


〝拝謁室〟は洋室だった。双葉山に導かれ、待つほどに、〝出御〟の声で〝現人神〟が入室された。私はうやうやしく拝礼した。生き神様は四十五、六歳、うす化粧である。

「私が、いま世間で話題になっている璽光尊です。世直しのため現れてきました」

中年女性の、普通の声である。

ここでもうひとつ目を見張ったのは、生き神様につづいて、巫女さんが、おどけた子供がするように、両腕を左右にのばし、奴だこ風に上下にふりながら、「照仁じゃ」「照仁じゃ」と連呼しながら現れたことだ。（『今なら話せる』）

この日の双葉山との一問一答は金沢支局を通じて送信され、一月二十日付で署名記事となった。

［金沢にて藤井記者発］　ちようど双葉山は東京京浜方面に起るという天変地異にかけつける準備中で、援助物資をリユツクサツクに詰め込んでいる。
記「いよいよ天変地異かね。十五日は起きなかつたようだが」
双「十五日ではない、近々のうちだ。いよいよ東京出陣だよ」
記「天変地異なんか信じられない」
双「そんなことをいう君は救われない人間の一人だ。君は地獄の刑務所行きで、一千万年の牢獄だぜ」
　この時、呉清源氏が横から一席弁ずる。
「双葉先生は尊い霊魂をお持ちになつた方で、璽光尊様の手足として世直しに活躍される最側近の一人で、世界三英傑の一人です」（「朝日新聞」昭和二十二年一月二十日、抄出）

記事は続いて「璽光尊こと長岡良子さんの身の上は本人の語るところでは」とした上で、先にも引用した「やんごとなき出生秘話」の披露となる。

母は久邇宮家から岡山の池田侯に降嫁した人で、神通力を得たが精神病の扱いを受けて座敷牢に入れられ、彼女はこの牢の中で生まれ、捨てられたのを、故頭山満翁にこっそり育てられたという。（同前掲紙）

ともかく藤井は急いでいた。自力で双葉山を説得して脱会させるのは無理だと悟った藤井記者は、璽光尊への取材を終えるとその足で石川県庁と県警に向かった。まず広岡謙二知事に面会し、璽宇で見聞きした内容を報告して「このまま放っておけばますます善良な人々を惑わせ、気の毒な結果を招くと説いた」（『今なら話せる』）。

その席で知事と相談の上、同じ建物内にいる安堂県警部長を呼び込んで双葉山を救出して連れて帰りたい、と訴えている。言うまでもなく内務省は警察を所管とした中央官庁で、神道の適切な管理も職務の内という時代である。知事と県警は一体でなければならなかった。広岡は「捜査の理由がいま一つ弱くないか」と念のため安堂に確認したが、安堂は胸を張って答えた。

それは心配ありません。連中は移動証明も米穀通帳も持っていないのに毎日白米を食っている。食管法に触れる疑いは十分だし、祭壇にあるご神刀が無届なら刀剣の不法所持にあたるかもしれない。（『石川県警察史』下巻ほか）

敗戦から一年四ヵ月余り経ったこの時期、民主化を進め、「神道指令」を発してきた占領政策は、おおかた軌道に乗ったかに思われていたが、食糧難はますます深刻化し、官公労（日本官公庁労働組合協議会）は政治決戦を宣言していた。一月十八日、遂に官公労が「二・一ゼネスト」を通告し、占領下でのこの成り行きを全国民が注視しているさなかのことだった。GHQは国家神道を禁止して信教の自由を保障したものの、天皇中心主義や日本中心の極端な国家主義と思われる宣伝には警戒を強めていた。

そんな中、GHQがらみの案件であり、石川県警察周辺の緊張感は高まっていたであろう。突然現れた小宗教の動向に疑念を抱き始めたのである。

この状況下で、藤井記者、県知事と県警察本部長の三者は終幕までの図面をほぼ完成させていたのかもしれない。璽光尊と双葉山の「身柄確保」と璽宇弾圧、そして双葉山の解放である。潜入記事を書いたのはあくまでも双葉山奪回のため内部情報を得る必要性があったからだろうが、入ってみると藤井は助っ人がもう一人必要だと感じた。そこで太宰府道場に電報を打って、双葉山の元付け人で道場責任者でもある小林龍男という男を呼び寄せている。小林は九州から飛んできたが、双葉山には会えたものの幹部信者には警戒され追い返され、説得はまたもや失敗に終わった。

一月二十日の夜、藤井と古川カメラマンが泊まっている宿に所轄の玉川警察署から刑事が二名やって来た。安堂県警部長から神平量恵署長に指示が降りたものだろう、すでに玉川署ではこの二、三日前から璽宇が入っている前多平作邸の裏手に建つ松ヶ枝町小学校の二階に、密かに見張りを付けているのだという。

お互いに情報交換をして、手筈を聞いた藤井は強制捜査が近いと判断。璽宇の真向かいの家に頼み込んで古川カメラマンと小林を二階の座敷に待機させ、窓の隙間から終日カメラを向ける手筈を整えた。こうして藤井記者は双葉山「救出美談」のスクープを演出し終わったのである。

県警が璽宇本部を捜索するのはそれなりの理由があろうが、なぜ双葉山を「身柄確保」しなければならないのか、理由は薄弱に思われる。双葉山自身が法を犯しているとは思えないが、たとえ明翫や藤井が双葉山の食膳に白米飯があったのを目撃したとしても、それだけで食管法違反で引っ張るのは無理があろう。双葉山自身が白米を不法に入手した証拠はないのだ。あくまでも璽宇への献納品である。ここはやはり県警が「朝日新聞」を世論操作のためにうまく利用し、藤井も双葉山「救出」劇のスクープが出来るという取引の結果とみていいだろう。藤井が友人ではない呉清源救出までは頼んでいないのだからなおさらである。

ただし総指揮を執る安堂としても、いくらGHQや内務省からの通達があるとはいえ、何かしら確実な証拠を摑んでおきたかった。見張りに加え、十八、十九の両日にわたって刑事が璽宇に直接乗り込み、幹部の身元調査や信者の持ち込み物調査などを行っておいた。それが信者からの献納を強要するような詐欺容疑を行っていたと判断する材料になったと考えられた。それでも璽光尊本人だけは面会にも応じない。

県警は「朝日新聞」記事が出ると、タイミングを見計らっていたかのように璽光尊以下幹部信者に対し玉川署への出頭命令を下した。

安堂警察部長は、内務省からの指示で田中刑事、松田公安課長、神平玉川警察署長と璽光尊問題について協議した結果、社会不安の除去と人心の動揺防止、さらに双葉山救出のための行政執行法によって、二十一日璽光尊ら幹部六名を玉川署へ出頭するよう命ずることにした。(『石川県警察史』下巻)

勝木総理の名で「御神示がないから、そのような所へはお出ましにはならない。用があるなら署長の方から来てくれ」(「毎日新聞」昭和二十二年一月二十日)と返答を返すのみだった。

実はこの段階で警察ではすでに金沢医科大学付属病院精神科(現・金沢大学医学部)の秋元波留夫教授に、璽光尊本人の精神鑑定を求めていた。警察は璽光尊が極度に狂信的であり、精神状態を調べる要ありと判断していたのだ。

警察の強硬姿勢にあって、璽宇本部内の動きは一挙に緊迫の度を増していた。まず二十一日午前、璽光尊以下六名の幹部出頭命令に対し璽宇から幹部の清水誠次と巫女の呉和子、妹の叶子の三名が出頭、聴取に応じることとした。肝心の璽光尊本人は来ない。璽光尊に誠意がないものと認めた神平署長は、清水らに対し「二十二日朝午前十時までに璽光尊自身が出頭しなければ、検束し逮捕に踏み切る」と通達して帰す。

璽宇では同じく二十一日午前、この出頭命令が下されると同時に、金沢を捨て遷都するか否かの幹部会議が急遽招集される。午後には信徒たちが炊き出しを始め、大量の握り飯が用意される。人目を警戒しながら、大がかりな旅支度が開始されたのもこの日の午後からだった。

御前会議

一月二十一日はいかにも北陸金沢らしい寒い一日であった。まだ行き先は決まっていないが、旅支度だけが璽宇内では始まっていた。三十人近い信者の荷物と大量の食料品、天照皇大神のご神体や幟、祭壇など貨物列車一両分くらいはありそうであった。

向かいの家から覗いていた藤井記者と古川カメラマンからの情報と、潜入して幹部信者に成りすましている密偵・明歡外次郎経由の情報は逐一神平署長の耳に届いていたであろう。

勝木徳次郎以下警察から戻って来たばかりの清水誠次のほか長岡忠孝、西口正、双葉山、呉清源ら幹部信者による遷都会議は午後まで続いていた。明歡もこの末席に座っているのだから、情報はザル状態と言っていい。「明歡手記」によれば、全員がそれぞれに緊張のあまり言葉少ない中、勝木が時間もないので結論を出したいと言って口火を切った。その場面はおおむね次のような成り行きであったという。

「皇居をいっそ東京へ移したらどうだろう」

勝木総理が結論を出そうとすると清水が手を挙げた。

「この最大の受難から逃れるために一刻も早く皇居を遷都するのは止むを得ません。ですが、私は東京行きには反対です。というのも、東京には魔賊どもがたくさんいます。それより私は静かな山村の地がよろしいと思います」

そんな議論が飛び交う中で、双葉山だけがひと言も語らず黙していた。議論の結論が出ないまま時間が過ぎ、悲愴な重臣会議となったころ、勝木が「大神様に最後のご聖断を仰ぎましょう」と言って璽光尊の部屋に全員が席を移した。

まるで一年半前に鈴木貫太郎総理が昭和天皇のご聖断を仰ぎたいと発言したポツダム宣言受諾の御前会議（昭和二十年八月十日午前二時過ぎまで御文庫で開かれた最高戦争指導会議）と、表面的には生き写しである。あの時はポツダム宣言を呑む事実上の無条件降伏となって全員が慟哭したが、ここ金沢の「皇居」でのご聖断はどうなったか。

天照皇大神のご神体の前に正座していた璽光尊は、落ち着いた表情を崩さず幹部信者たちに向かってこう言った。

只今、天照皇大神様からの御神示が降りました。人として、世界の世直しのため、神の子は苦修に耐えねばなりません。畏れ多くも御神示は青森県の八戸市へひとまず遷都するようにとのお告げです。これより直ちに遷都のためあらゆる準備を早めるよう思し召しがありました。（「明頴手記」）

璽光尊の脇に直っている中原姉妹たち巫女は声を上げて号泣し始めた。同時に勝木も、呉清源も目を赤くして涙がこらえきれない。膝の上で握りこぶしを固めていた双葉山の目も赤く充血していたが、やがて、作業に取り掛かるため起ち上がった皆と連れ立って一斉に遷都の仕上げ準備に取り掛かった。時刻は午後五時を回っていた。

明頴手記にはなかったが、藤井の取材ではこのとき「東京ではいよいよ今夕七時から大地震、大津波がはじまつたとの御神示があった」（『朝日新聞』昭和二十二年一月二十三日）とされ、信者たちの悲壮感は尋常ではなかったとされる。

昨夜から全員が一睡もしていない。梱包に二日が費やされたが、大きな荷物はまだ手がついていない。八戸といえば長旅だ。八戸には画家の七崎安太郎ほか何人かの有力信者がいるのは承知していたので、何とかなるだろうと皆が思っていた。信者全員が列車に乗れて、かつ、膨大な荷物も一挙に貨車で運ぼうという案には無理があった。第一陣として、まず璽光尊、勝木、呉清源と巫女、双葉山らだけが先発する手筈を整え、午後十一時ごろ出発の青森行き夜行列車で遷宮することまでが決まった。

午後六時から遷都祭と銘打った最後の礼拝行事が、璽光尊と巫女ら幹部若干名で行われていた。ほかの者は全員で引っ越し作業に専念、一部が金沢駅へ走って切符を求めているのが刑事に確認されている。

天皇の踏み絵

「なにッ、今夜逃げるって、本当か」

明瓢情報だという第一報を受けた神平署長は一瞬驚いた様子だったが、この機会を見逃すことはなかった。彼らが出発する前までには急襲を掛けて身柄を拘束しよう、と県警にも連絡して即決した。

最後の礼拝には出席していない明瓢が、スキを見計らって向かいの家で見張っている藤井記者か張り込みの刑事にメモでも渡したものとみられている。「七時迄には握り飯の用意も終わり、璽光尊は黒装束に身を固め、大幹部十四名が防空頭巾にモンペ、巻脚絆姿で本出陣の用意が整った」(「毎日新聞」昭和二十二年一月二十三日)との情報が玉川署には届いていた。

後年になって書いた手記で明瓢外次郎は「かつてスパイ行為をした私も今はそんな疚《やま》しい根性はみじんもなく一日も早く(璽宇が)繁盛を取り戻すことを祈るものである」(前掲「明瓢手記」)などと述べている。璽宇に危機管理という意識がまったくなかった結果なのだが、それにしても組織防衛能の欠如からいい加減な密偵根性の男にすっかり騙されていたというわけだ。

本来ならば、寄進された米の食糧管理法違反程度で宗教団体に踏み込むのは、思想信条の自由を標榜した新制度下では過度な拡大解釈に思われる。他の幾多もある新宗教団体でも、米の奉納くらいはあったはずだ。天変地異が起きると言ったというのも、記者会見をしたわけでもなければ、金沢市内を言いふらして歩いたわけでもない。極端に言えば内部の信者向けの神示がメディアに伝わり、拡大したという範囲の話である。

ことさらに璽宇だけが狙い撃ちされた裏には一つにはGHQの指導もあろうが、なんといっても藤井記者の誘いに乗った県警本部の功名心が見え隠れする事案に思われた。

双葉山が妻子と弟子を置いて出奔したような形になっているが、彼は妻とは十分に話し合った上で出した結論であり、敢えていえば、澄子夫人も杉並の璽宇本部を共に訪ね、いっときは時津風親方と思いは変わらなかったはずなのだ。とはいっても、弟子たちには確かに気の毒だった。双葉山の懊悩はその点にのみあったが、彼はその踏み絵を踏んだのである。

相撲協会から託された弟子育成を放棄するということは、国技たる大相撲を捨てることであり、いわば、戴いている賜杯に背き、天皇をないがしろにしたのも同然の選択であった。

双葉山はすでに昭和天皇の人間宣言に疑問を抱き璽光尊についてきた。ここにきて、相撲協会を捨て、警察と対峙してまで璽光尊を守る決意を固めたということは、昭和天皇を踏み絵として選択したことになる。

それは、双葉山の前に立ち塞がっている現実の戦後社会の根底を否定することであり、一挙に反社会的立場に陥る。天皇に対する異議申し立てでもあった。双葉山は覚悟を決めて「昭和天皇を踏んだ」のである。

警官隊突入

金沢市玉川警察署の神平署長のもとに、「璽光尊らが今夜の夜行列車で逃走を企てている」との一報が入ったのは二十一日午後十時ころと『石川県警察史』（下巻）にはある。

ここ二、三日の金沢地方は連日のみぞれ模様で、昼間でも気温が一、二度。夜ともなれば零下二、三度という日が続いていた。この夜はさらに寒気が厳しかった。小雪が舞い、ときに風雪が路面を払うという荒天の闇を切って金沢署の警官多数が出動した。璽宇本部の門を叩いたのが午後十時半ごろである。玉川署から下藪ノ内の璽宇本部までは五分とかからない至近距離だった。

神平玉川警察署長は署員の非常召集を行う一方、消防団の応援を求め、鏑木次席を総指揮官として三十名が璽宇本部を急襲した。（『石川県警察史』下巻）

警官隊はすでに図面などで予行演習を繰り返していたのだろう、三十名（金沢市警本部からの応援を含む）が玄関口と屋敷裏の二班に分かれ、一階を押さえる者と二階裏窓から踏み込む者とがはっきり区別されていた。屋敷裏班は裏隣りの松ヶ枝小学校の校庭側から塀を乗り越え二階の窓をこじ開けて後方から突入、正面部隊は璽光尊ら幹部信者がいる二階に駆け上がって挟み撃ちにする計画だ。

一階玄関口には呉清源が立っていた。もともと顔も青白い痩身の呉にも増して警官たちも顔面蒼白だった。呉は警官隊に向かって叫んだ。

「戦勝国民に対して何をする！　第三国人への無礼は許さんぞ」

呉清源は昭和十一年に帰化し日本国籍を取得していたが、終戦後国籍を失い、再び中国人に戻っていた。そこで自ら「第三国人」を名乗って警官を威嚇して見せた。だが、呉は一瞬にして表に出されてしまった。警官隊は一階の信者には目もくれず、主力部隊が二階に駆け上がって璽光尊と双葉山の身柄確保に向け突進して行った。

藤井記者とカメラマンも後に続く。他社の新聞記者とカメラマンたちは「朝日」に出し抜かれたため屋敷内には入れなかったが、璽宇周辺の民家を借り受け張り込みを続けていた記者もいた。彼らは警官隊に阻止され、璽宇本部前での取材となり、外部から様子を窺うにとどまっていた。屋敷内は藤井と古川カメラマンの独占取材である。

例外は唯一「北陸ウヰークリー」という地方紙の記者で、「警官隊と一緒に二階に駆け上がった」との手記（『人物往来』昭和三十年十二月号）を残してはいるが、内容がかなり芝居がかっていてどこまでが真実かはいささか不明と言わざるを得ない。

二階和室入口では双葉山がカーキ色の国民服にゲートルを巻き、防空頭巾を被って仁王立ちになって構えていた。手には太鼓のバチを持って、両手を広げており、大横綱に向かっては警官もなかなか近寄り難い。二、三の警官が組み付いてみたが相手にならない。

実は以前のことだが、玉川署は裏庭に相撲道場を造営した際、双葉山に土俵開きをしてもらい世話になった、という因縁があった。柔道四段の腕もある総指揮官の鏑木次席警部（戦後一時期あった都道府県警察本部の警視に次ぐポスト）も顔見知りの一人である。

警官隊と睨み合いがあったあと、裏窓から梯子を掛けて昇って来た一隊が部屋に突入し双葉山を挟み撃ちにした。相撲の稽古もつけてもらったことのある鏑木が一瞬、顔を見合わせたが、跳ね返されながらもようやく組み付いた。そして、投げ合いのような格好になったが数人がかりで双葉山の足をとり、ドウとばかりにようやく押し倒したのだった。

双葉山は手荒な抵抗はしていない。あくまでも璽光尊の身を守るために、組みついてきた者を横に払った程度だった。藤井記者の回想によれば、現場の状況は次のようなものである。

この〝劇的シーン〟は、素早く現場へかけ上がった古川カメラマンのシャッターにおさまった。この時の模様を、後日、双葉山が——自分は無抵抗で、力も入れず、体をあずけていただけだが、背負い投げがかからなかった。それでも、ほかの人たちが両脚に組みつき、倒されてしまったが、柔道ではきかないのかなあ——ともらしていた。この時、もし双葉山が本気で抵抗していたら大乱闘になっていただろうと思う。(『今なら話せる』)

藤井記者はこの模様を翌早朝、本社へ金沢支局から送稿しているが、興奮冷めやらずかやや誇張された感が否めない。

柔道四段の鏑木警部はヤニワに天下の横綱にいどんで左四つ、むんづと組付き、よってたかってようやく組み伏せ……(『朝日新聞』昭和二十二年一月二十三日)

奥にいた璽光尊は無抵抗で警官に囲まれながら階下に降ろされた。その他の主要幹部の顔は刑事にも区別がつかない。取材に入って顔を覚えている藤井記者に幹部かどうかの指示を貰って拘束した。現場の総指揮は鏑木と藤井といってもいいような状態である。この夜、身柄を検束されたのは、璽光尊以下幹部八名であった。

十時半ころ警官隊が二階に踏み込むと、防空頭巾に巻脚絆姿の双葉山はじめ璽宇教の幹部が、璽光尊を囲んで抵抗、とくに双葉山は一尺六寸のバチを揮《ふる》って大暴れ、鏑木次席と組み合いとなり倒れたところを警察部隊が折り重なって取り押さえた。当夜検束されたものは八名で、身柄留置されたのは、璽光尊こと長岡良子（四七）、最高幹部勝木徳次郎（四〇）、同清水誠次（三五）、幹部長岡忠孝（三〇）、同双葉山こと穐吉定次の五名。（『石川県警察史』下巻、年齢は数え年）

検束が八名で留置された者五名とある。三名は簡単な取り調べだけで明け方までに帰されており、その中に呉清源が含まれていた。主たる目的はやはり璽光尊への見せしめと双葉山奪回にあったとみていいだろう。

県警資料では双葉山が「大暴れ」、「朝日」以外の新聞でも「暴れ回った」と記されているが、これは現場関係者の資料ではすべて「ほぼ無抵抗」とあり、やや大袈裟である。発表された「朝日」の写真が組みついている写真一枚なので、傍目には乱闘にも見えなくはない、という程度である。

また、ほかに米六俵、現金一万四千円、衣類二十点、ジャガイモの俵、柳行李のサツマイモ、それにイキガミさまは豆類がお好きとみえて、大豆、小豆、ウズラ豆、キントン豆、白豆、落花生などあらゆる豆類が袋詰めされたまま証拠物件として押収された（渡邉楳雄『現代日本の宗教』）。

尚、「北陸ウキークリー」など地方紙一部によれば二階から布団二組が押収されたとの記事もある。璽光尊と勝木のものと思われたものの警察発表にはなく、あくまでも未確認情報に終わった。

五名の身柄は階下に降ろされ、待っていた消防用トラックに乗せられた。双葉山を除く四名は警官に腕をとられながら歩かされたのだが、双葉山はなんと縄でがんじがらめに縛られ、戸板に乗せられて運ばれた。暴れてもいないのに時代劇並のこの扱いは用心には用心を重ねたということだろうがあまりにも酷だった。それだけこの事案は双葉山に焦点が当てられていたということだろう。

璽光尊や勝木らも裸足のまま吹雪の中の雪道を百メートルも歩かされてトラックに乗せられ、玉川署に運ばれた。戸板に縛り付けられたままの双葉山が、留置場でようやく縄を解かれている模様を隣の房から勝木が耳で様子を窺っていた。なにやら大声で双葉山が怒鳴っている声がしたあと、「ジコーソンサマー、ジコーソンサマー」と叫び続けるのが響いていたという（「勝木手稿」）。双葉山、勝木、清水、西口らはそれぞれ独房に入れられたが、なぜか璽光尊だけは「生き神様」として特別扱いされ、広い畳部屋に暖かそうな布団とコタツが用意された。

すでに深夜一時ごろである。藤井記者が古川カメラマンと太宰府から来た小林龍男を留置場に呼び入れ、古川には独房内の撮影を命じ、小林とはかわるがわる双葉山の説得を始めた。

「天変地異があると言ったけど、なかったじゃないか。君はあのインチキ女に騙されているんだ」

双葉山は「お前はすぐ東京へ帰って、皇太子さまを助けろ。東京は火の海になるんだぞ」などと初めは言い返していたが、弟子の小林も黙ってはいなかった。

「親方は邪教に騙されているんです。元の道場に戻るのが親方の本当の姿なんだ」と朝まで口説き続けていた。双葉山はあまり言葉を発せず、黙って聞いていたという。

その間、古川カメラマンは房内などを撮りまくっていた。写真は間もなく『アサヒグラフ』（昭和二十二年二月十五日号）に大きく掲載された。朝日新聞社独自のスクープ写真だが、いくら藤井記者の協力があった故とはいえ独房内の容疑者を警察が自由に撮影させていたということに改めて驚く。

和室で下を向いて顔を隠しながら一心に祈り続ける璽光尊はじめ、勝木徳次郎や玉川署迄追いかけて来た信者たちが、署内で狂乱して倒れている姿などが写されている。同号にはもちろん急襲された際に撮られた双葉山が刑事たちと組み合っている写真や連行される璽光尊、押収品なども掲載されている。

二十二日午後二時、神平署長に案内された秋元教授が璽光尊の部屋に入り、五時ごろまで精神鑑定が行われた。

その前に藤井記者は和室の独房に入っていた璽光尊へのインタビューに短時間ながら成功、原稿は先の双葉山捕り物騒動とともに同日早朝、金沢支局から送稿された。

玉川署での長岡良子さんは、防空頭巾を脱がず、神妙に防犯室の椅子に腰をおろしている。面長な顔にはホンノリと薄化粧をし、火鉢にかざす手は若々しい。以下生き神様との一問一答。

問　今夜のことについてどう考えますか。

答　誠に天照大神に申し訳御座いませぬ。こうして深夜いましめを受け、とんだ罪を作りました。まだまだ力がたりません。（中略）東京は今夜七時ごろ津波で大変でございます。東京はあとかたもなくなりました。

問　ところが、たったいま東京へ電話で聞いてみたら、快晴でなに一つ異変もありませんよ。

答　はい、神様のお告げのままに申し上げるので、神様があるとおっしゃればある、ないとおっしゃればないと申し上げるのでございます。（「朝日新聞」昭和二十二年一月二十三日）

夜明けと同時に、藤井は再び双葉山の説得に取り掛かるべくやって来た。留置されている幹部五人分の朝飯を差し入れに、璽宇からも信者たちが来ていた。

竹のへぎ皮に包まれた握り飯が双葉山の前にも置かれている。藤井はその横に、輪島塗の三つ重ねの重箱入りの弁当を置いた。泊っている宿の板前に頼んで作らせたものだ。双葉山はじっと見守っていたが、ややあって、輪島塗弁当の方に手を出し、口重く食べ始めた。

双葉山は疲れ切っていた。傷心である。箸の手を止め、溜息をつき、ふいに涙を流す。国民的英雄として勇壮無比で鳴らし、周囲から讃えられて生きてきた彼が、犯罪者扱いを受けた屈辱もあるだろう。自らが選んだもう一人の天皇への信仰が、戸板の上に縛り付けられる結果を招いたという困惑に、気持ちの整理がつかないようだ。彼にとっては、第二の敗戦なのかもしれなかった。

混乱している双葉山に藤井は切り込んだ。

「万事をおれに任せ、身柄をあずけることだ。任せるか、任せないか、返事はただ一つだ。首をタテにふるか、ヨコにふるかだ」(『今なら話せる』)と追い込む藤井の言葉に、遂に双葉山が崩れたかに見える瞬間がきた。

「やがて頭をあげた彼は、黙って、首を大きくタテにふってうなずいた。」(同前掲書)

藤井は「首をタテにふった」双葉山をここから脱出させ、どこか人目につかない温泉宿にでも籠る手筈を考えていた。そうでないと彼の救出作戦は完結しない。

まず神平署長に了解をとる。神平には安堂警察部長にその確認をとってもらう。その先は朝から急遽駆け付けている大勢の報道陣を巻いて逃げる手段を考えることだった。

璽宇の現場から留置場に至るまでの肝心な部分をすべて「朝日」に抜かれた他社は、早朝から猛烈な勢いで巻き返しを図っていた。双葉山を連れて逃げ出すことを彼らに気づかれては万事休すなのだ。報道各社からの要請でも受けて記者会見など開かれては元も子もない。

署長の返事は「県警トップからは当初の予定通り、双葉山が璽光尊から離れられる保証さえあれば藤井に任せてもよい」というものだった。

そこで藤井は神平署長の車を借り受け、署の裏門にドアを開けて待機させておいて一挙に車で逃げだす、という算段を立てた。

一月二十二日午前十時ごろである。防空頭巾に国民服姿の双葉山が裏門から出て車に乗ると同時に車は発車した。乗っていたのは、双葉山、藤井記者、それに太宰府道場の小林龍男の三人だった。

昨夜の双葉山奪回作戦開始から丁度十二時間が経過している。双葉山は依然として口数も少なく、ただ藤井についてくるだけだが、藤井は胸が高鳴っていた。天下の双葉山を自分の思い通りに連れ出すことに成功したのだから、新聞記者としてのプライドは十分に満足していただろう。

玉川署の運転手にスピードを上げさせ、前もって金沢支局の支局長に手配を頼んでおいた隠れ宿に向かった。手配に先立って藤井は広岡県知事と安堂警察部長の意見も聞いている。なかなかの計略家である。こうしておけば、双葉山の逃避行動はすべて公認の下に行われたことになる。

彼らの意見は「北陸線沿いの温泉場は目立ってあぶない、灯台もと暗しで、逆に金沢から南へ約十二キロ、山あいの湯涌温泉がよい」(『今なら話せる』)というものだった。かつては、加賀藩主が足繁く通ったとも伝えられる名湯だという。

湯涌温泉に向かうに当たっては、途中で神平の車から、ナンバーを付け替えた安堂警察部長の車に乗り換えるという周到さである。雪の田舎道を四十分ほどひた走り、三人は浅野川上流にある湯涌温泉・金谷旅館に着いた。双葉山の顔を見た女将は一瞬驚いた様子だったが、藤井は口止めを頼むと、三人は奥まった部屋に案内され、さっそく眠り込んだ。これも支局長の手配である。

ところが数日経って藤井がようやく安心し始めたころ、一月二十八日朝、この隠れ宿が地元紙記者などの知れるところとなり記事になった。金谷旅館近くの派出所巡査が異変に気付き、情報が地元紙記者に漏れたようだった。

記事を見た呉清源らが吹雪をついて湯涌温泉を訪ねて来たのが二十九日午前。彼らは再び璽宇に戻るよう勧めたが、「天変地異が起きなかった以上、今は戻るわけにはいかない」と、双葉山は誘いを固辞している。傍に藤井が付いていたこともあろうが、今さら双葉山もこの状況下では帰れなかったであろう。

本件の最高指揮者である広岡謙二石川県知事は、直後の二月の人事異動で警視総監に栄転。「金沢で璽光さま退治の采配を振るった」人物として新聞に紹介され、コメントを出している。「いま東京ではヤミがもっとも都民の生活を苦しめている。大物中心主義でテッテイ的に取締

る」（「読売新聞」昭和二十二年二月六日）

かくして双葉山を璽光尊から引き離す作戦は、広岡石川県知事、安堂石川県警察部長と「朝日新聞」の総力を挙げ、〝ヤミ米取締り〟をもって幕を閉じたのである。

第五章　それぞれの断崖

精神鑑定

双葉山が湯涌温泉にようやく落ち着いたころ、一月二十二日夕刻である。璽光尊は家主の前多平作が身許引受け人となって不起訴処分のまま金沢市の玉川警察署から釈放された。不起訴で済んだのは、主食移動禁止令違反と無届刀剣所持禁止令違反とはいえ、いずれも軽微な容疑に過ぎないこと、秋元教授の面接による精神鑑定が精神分裂病による妄想性痴呆と診断された結果などからであった。社会的反応があって、璽宇に一定の懲罰が加えられさえすればもとよりそれで終わる案件だった。

一方、勝木徳次郎、清水誠次、西口正の幹部三名は黒幕として取り調べを受けた末、同月三十日まで留め置かれ、書類送検の上釈放された（『石川県警察史』）。

その間にも、「神様には夫があった」という記事が出て、夫の長岡貞夫の顔写真や短い談話が掲載され、世間の興味を惹いた。

璽光尊には夫があることが二十二日、同教団幹部の一人勝木徳次郎（四〇）の取り調べとともに明らかとなった。神戸の船舶運営会船員寮長岡貞夫さん（五二）がそれで、戦争中日本郵船の事務長として勤務、良子さんの信心を理解できないため、同氏は昭和二十年、夫婦生活を解消、別居したのだが現在まで正式の離婚はしていない。（「朝日新聞」昭和二十二年一月二十四日）

二人はその後、昭和三十年過ぎに離婚が成立し、璽光尊は旧姓・大沢奈賀が本名となっている。

金沢医科大学精神病学秋元波留夫教授に璽光尊の精神鑑定を依頼してきた警察は、同月二十八日、精神鑑定の一部を会見で公表した。秋元教授は東京帝国大学医学部を卒業したあと、北海道帝国大学医学部助教授などを経て金沢に赴任していた。のち東京大学医学部教授となり、帝銀事件に際して平沢貞通被告の精神鑑定の結果を誤りであると主張し注目を集め、さらに百歳を超えてからもオウム真理教事件の麻原彰晃（松本智津夫）の精神鑑定を行い話題となった。

終戦直後から秋元教授はすでに気鋭の精神科医として注目されていた。警察が同教授に内々ながら精神鑑定の依頼をしたのは、実際にはかなり早い段階だったことも分かっている。おそらく璽光尊が金沢に到着した直後には、金沢のＣＩＥ隊長から玉川署を通じるなどして依頼されていたのではないだろうか。

私は今回の取材過程で、秋元教授から「璽光尊のことや教団の実態について密かに聞き込みをしてくれ」と頼まれた教授の学生などによる複数の手書きの報告書を入手することができた。それらの調査期間は昭和二十一年十二月二十七日から二十二年一月六日までの間となっている。璽光尊自身への聴取は、拘束された翌日午後の三時間に限られていた。そこで教授は、押収された「御神示」ノートや縁故を頼って知人に頼んだ内部報告書により鑑定書を仕上げたものと思われる。鑑定書は石川県警察本部と米駐留軍金沢CIE隊長宛ての二通出されていることから、CIEが最後までこの案件に重要な関わりを持っていたことも分かる。

そこで、教授への内部報告書の中から長くなるが二例ほど選んで要点のみ引いてみたい。

まず、璽光尊に仕える信者が上京する列車に同乗し、車中でうまく接近を試みた西村晃六という男性の手による「璽光尊内偵報告書・関係者インタビュー」と書かれた文書である。

列車で前の席を占めた男——それが璽光尊さまの受付をして居た男でした。璽光尊さまとは、年、四十四歳、女、皇后陛下の御従妹。終戦と共にその偉大なることが知られ、杉並区関根町の大邸宅にお移りになり、毎日マッカーサーに指令を高く掲げられていたが別にお咎めもなかった由。

来年一月半ば、津波に依り横浜、東京は全滅する。北海道は海底深く沈降する。又、日本海は陸となり、支那、朝鮮に続く。(中略)(十二月)二十五日、降誕祭があったとのこと、プレゼント（幸福）をお分けになった由。璽光尊さまは、神仏すべての霊をお下しになって、双葉先生、呉先生に乗り移らしめる。この夜は双葉山をしてサンタクロース（大黒天？）になされてプレゼントを下された。

晃六拝

秋元先生

昭和二十一年十二月二十八日

ふたつ目は、野村栄典という男性からの内偵報告書で、彼は二、三人の友人と連れだって璽宇に「参上」、内偵を試みた。璽光尊には会えていないが、呉清源と若手信者に会った内容を報告している。期間は十二月二十七日から三十一日までほぼ連日である。

璽宇見聞記

十二月二十七日、天地創造の神は璽光尊を助けるものとして、日本と外国に各々十五名づつの補助者を出された（霊的に）。その名前は日本では山下奉文大将（死刑になったことになっているが、実際は今も生きている）、双葉山（元はノミノスクネの生まれ変わりであったが、今はスサノオノミコトの霊の権化としてここに仕えている）、外国ではマッカーサー（豊臣秀吉の生まれ変わりで日本に来ており、璽光尊とちゃんと相通じている。周囲の悪臣が邪魔をしている）、蔣介石、ヒットラー（神代に帰すべく、その前の世界の破壊任務を帯びていた）、満洲国皇帝その他。信者の多くが陸軍の冬服を着ており、巫女と称する十八、九の娘二人ほか数人が目についた。今日の客にと璽光尊から福梅（引用者注・加賀前田藩伝来の正月用銘菓）一つづつが賜られ拝んで戴いた。

二十八日、呉氏はお茶を二度、三度入れ替えたり火鉢に火を足してくれたり、中々宗教人的親切さや真面目さがある。呉氏に、私は現代の青年が精神的に生きるべき道を切実に求めており、璽光尊を拝し、進むべき道を教えて戴きたいと真面目に来た理由を述べた。

二十九日、モチをつく音が聞こえる。

三十一日、戦争中、璽光尊は東北のある所で身を隠して鉱山で働かれた。そこには未発見の偉大な鉱脈があった。璽宇の前身の建設があり、その中心人物は今の巫女の伯父に当たる峰村という人で、戦争中に関東で空襲により玉砕された。双葉山は時々スサノオノミコトの霊が降り、ここにおいでになられたのは二ヵ月ほど前でお召しが何度もあったのです。（抄出）

いずれにせよ宗教的宿命のようなものと言えるが、璽宇内部ではかなり勝手な都合の良い解釈がさまざまに行われていることが秋元教授には伝わった。こうした報告書と面接聴取を通して、一月二十八日、教授は次のような「長岡良子精神鑑定書」を玉川署並びにほぼ同様の文書を金沢ＣＩＥ隊長宛てに提出した。要旨は以下のとおりである。

診断　長岡良子は現在妄想型精神分裂病に罹患して居る。その主要症状は自己が現人神なりたる宗教妄想で……宗教的且つ世界統一的誇性を有し……且つその周囲に感応者精神病者を多数発生しつつあるを以て社会安寧上の見地より、適当な施設（精神病院）に急速に隔離する必要ありと認める。

秋元教授は精神病院などの施設に急ぎ隔離せよ、とまでいっているが、警察はそこまでは強制できなかった。「金沢事件」として当初、大々的に取締り方針が出され大がかりな検束が行われた割には、関係者が一泊、もしくは最大一週間程度で全員が釈放されるなど、軽微な罪状で釈放されたというのが実情だ。

精神鑑定書提出後の間もないころ、秋元教授は、

天変地異は地球に起こらないで彼ら自身の身の上に起こったのである。璽光尊の予言は正しく、自身に的中したのである。（『中央公論』昭和二十二年三月号）

と強い口調で断じている。確かに璽宇と双葉山はその事件後に分断され、後述するように璽光尊とその信者たちは社会一般から極度に白眼視され、長い流浪の旅人となるのであった。

ハーバート・ノーマン

それにしても、事件が急速に幕を閉じた背景には何があったのか、という疑問は残る。對馬路人によれば、事件背景には三つの説が考えられるという。

第一はGHQ主導説と呼べるもので、警察のスパイ役を演じた明歡外次郎（第四章参照）の手記の中にほぼ全容が記されている。明歡によれば神平玉川警察署長からスパイを頼まれた際「占領軍も喧しいので管内にいる以上どうしても捨てて置けないんですよ」と懇願されたのだと説明している。つまり、警察の背後にGHQの請託があったというのだ。GHQによる信仰の自由推進という題目は、超国家主義思想の解体という課題と表裏一体であって、信仰の自由とは言いながらも天皇主義的な組織は取り締るという方針で臨んだ。璽宇も天皇主義、皇道主義の立場から世界の世直しを主張しているという点で、GHQから嫌疑を受けることは十分にあり得るという説である。

第二は日本の警察が主導的な役割を果たしたとみる説である。璽宇の総理・勝木徳次郎の主張で、彼の『璽宇と双葉山の関係』（「勝木手稿」）の中で展開されているものだ。勝木は同手稿において金沢事件はマッカーサー事件以来、「官憲との間に醸された悪気流が一度に……爆発した」ものだという自説を述べている。日本の警察をまんまと出し抜いてのマッカーサー直訴事件は、警察組織からみれば明らかな挑戦と映ったであろう。璽宇の振る舞いに対して警察は、すでに東京時代から神経をかなり逆なでされていた。GHQサイドが璽光尊の理解者でもあるかのような璽宇の態度に対し、警察が不快感を露わにしたのが警察主導となった結果だとする説である。

第三に忘れてはならない「双葉山奪回説」がある。これは呉清源もその著作で述べているように、双葉山の友人を名乗る「朝日新聞」の藤井恒男記者が璽宇から双葉山を奪回するために警察や県知事に取締りを依頼したことから起こったと解釈する説である。呉清源は「真の目的は双葉山を璽光尊から引き離すことにあったことはまちがいない」（『以文会友』）と断言している。藤井は双葉山を取り戻すために璽宇批判のキャンペーンを張り、誰よりもいち早く事件現場へ潜入、検束された双葉山を温泉宿に連れ出し璽宇の信者から隔離することに成功した。警察の留置場にいる人物を密かに連れ出すことなど、警察幹部との密約でもなければ不可能であろう。警察と「朝日新聞」の間に一定の了解が成立していたということに尽きる。

こうしてみると、もっともはっきり見えているのは藤井と警察による「双葉山奪回説」となるのは言うまでもないのだが、これだけが事件の要因とは言えそうにない。第三の説は直接的な契機としては最有力だが、背景には占領軍や警察といった各々の思惑が絡み合って働いたと考えるのが妥当と思われる。「對馬論文」の分析もほぼそれと符合している。

ここで忘れてならないポイントは、背景に占領軍の、それもＧＨＱ対敵諜報部（ＣＩＣ）分析課長のハーバート・ノーマンの存在があったことである。ノーマンと緊密な連携をとって情報を共有していた部署にＣＩＥ（民間情報教育局）があった。ＣＩＥについては、すでに第一章で触れたので組織説明は省くが、事件背景の第一に挙げたこのCIEの情報をもとにノーマンはマッカーサーやカナダの外務省本省に情報を上げていたのである。

金沢事件が一段落をみた一月三十日、ノーマンが本省宛に事件の速報を送った文書がロンドンのナショナル・アーカイブスから発見されている。ノーマンは近く外相に就くピアソンの件を大変嬉しく思うと冒頭述べたあと、本題に入った。公電を発見した工藤美代子(ノンフィクション作家)の著作から概略のみ引いてみたい。

信者の中には棋士として名高い呉清源がいた。彼が軍部や政界の高官たちを信者に勧誘した。その中でも、最も熱心で大物だったのは、阿南惟幾《あなみこれちか》大将と杉山元《はじめ》元帥だった。二人とも、一九四五年に自決している。他にも(中略)東条英機の秘書が、彼女の御神託を仲間に伝えたが、実際に戦局に影響を与えたのか、それとも単に言葉をあやつっていただけなのかは、よくわからない。だが、その御神託は明らかに内部情報に通じていたので、日本の憲兵隊や、それよりもっと有能だがあまり知られていない特高課が、彼女を逮捕したこともあったが、いずれも上部からの命令で釈放された。戦後になって、金沢へ移り住み、呉清源や相撲の元横綱だった双葉山が信者になっていると新聞に報じられるや、日本中の人々が驚いた。

(File No.F4606-2.40,『スパイと言われた外交官─ハーバート・ノーマンの生涯』)

とした上で、食管法に触れたため、逮捕された経緯を報告している。

終戦時の陸軍大臣だった阿南惟幾と同じく陸軍元帥だった杉山元の名前が出てきたことは驚くべきことだが、いつ、どのようにして彼らが璽光尊を訪ねたのかは不明である。

阿南の名前は他の資料でも（梅原正紀「月刊ペン」昭和四十六年十月号「全調査・日本の新興宗教」他）出てくるが詳細は分かっていない。ただ、璽光尊のもともとの宗派的系譜につながる大本や神政龍神会には多くの陸海軍高官が関わっていた事実がある。阿南たちがそうした人脈、あるいはうがち過ぎかも知れないが、宮中関係者からの情報ということも排除できない。

ノーマンの調査は時間もかかっていて綿密だった。金沢事件の基点にGHQがあったのは事実だ。だが、占領軍の要求だけで逮捕に踏み切るのではいかにも警察の面子が立たないと思案していたところに、「朝日新聞」の記者からの提案があったので「これ幸い」と乗って成果を挙げてみせたのではないか、という裏事情も見えてくる。

それぞれの断崖

金沢事件は表面的には解決したかに見えたが、璽宇や双葉山が受けた精神的ダメージは計り知れなかった。検挙騒動が連日新聞等で大きく報道され、しかも璽光尊を精神病者と断定する診断がセンセーショナルに公表された。信者はもとより、それまで国民的英雄であった双葉山が受けた心理的痛手は深刻なものだろう。温泉宿に泊まったくらいで恢復するものではない。

璽宇が社会一般から異常な宗教、つまり「邪教」「邪宗」であると烙印を捺《お》されたことは、双葉山の栄光にも傷を残した。以後、日本相撲協会は、この事件を表立っては口に出さなくなった。現在でも、双葉山の現役時代の偉業とその後の業績は誰もが目標として掲げはするが、「新興宗教に騙された」とは誰ひとりとして口にはしない。それどころか、「金沢事件」は協会内部ではタブー視され、なかったことにされているのではないかというのが実情だ。つまり、大相撲史の中ではアンタッチャブルな汚点として闇に葬られてきたと言っていい。

璽宇の信者にはさらに厳しい現実が待っていた。勝木徳次郎は「あの事件が済んでから、〝邪教がきた、騙されるな〟〝璽光尊が来ても相手にするな〟と世間から白い眼で見られ、いわれのない投石を浴びたり、泥棒呼ばわりされたのであった」(「勝木手稿」)と述べている。

双葉山が動いたのは、藤井記者の手によって湯涌温泉に逗留し身を休めていた昭和二十二年一月三十一日の夜のことである。

金沢発の夜行列車に乗って、博多経由で太宰府の道場へ向かっていた。藤井とは駅で別れ、元付け人で道場責任者の小林龍男一人が風呂敷包みを抱えてついている。当時の列車事情は想像を絶するほど劣悪で、「朝日新聞」の手配でようやく臨時の引き揚げ列車の切符が取れた。博多駅に降り立ったのは、一日半もかかった二月二日午前五時五十八分。最後尾の三等車両から双葉山の姿がホームに現われた。

電報で妻・澄子には報せてあった。澄子の手配で駅頭には伯母の今池ミサがそっと涙を拭いながら出迎えた、と各新聞が書いている。自動車で雪のちらつく筑紫路を、福岡県筑紫郡太宰府町三条の双葉山道場へ向かい、道場に着くとひと風呂浴びてからぐっすり眠り込んだ。

七十連勝が成らなかった直後、安岡正篤宛に「イマダモツケイタリエズ」と電報を打った。その後、精進を重ねた双葉山は、六十九連勝時より強い横綱になったとさえ言われている。双葉山は遂に木鶏の境地に達したかに思われた。昭和十四年春場所、連敗が止まった場所の翌夏場所から昭和十九年夏場所まで（その後の三場所は体調不良、そのまま引退へ）の間、十一場所の成績は百四十勝十七敗三休、優勝七回、全勝優勝三回という立派なものだった。

幼児のころのちょっとした事故によって、双葉山の右目は視力をほとんど失っていたことが分かっている。彼はそのことを現役時代は他人に漏らすことのないまま、引退後に口にした。その隻眼に近い目で、一瞬の気配を摑み、独自の相撲勘を育て上げた男だ。不安もあっただろう。精進の末に「受けて立つ」「後手の先」という相撲を発揮し、昭和十四年後半から十九年という戦争真っ最中に第二の黄金期を作った。かつて、ＮＨＫやＴＢＳでアナウンサーとして相撲放送に関わった小坂秀二の質問に、時津風親方になってから次のように説明している。

片目だけで相撲を取るのは無理なのでしょう。緊張した立ち合いの瞬間などは、薄い影のようなものがまつわりついていて、対象が二つに見えることがありました。こういうところから、目に頼らぬ立ち合いの習慣も身につけることができたようです。（小坂秀二『わが回想の双葉山定次』）

昭和十八年秋、横綱は太宰府にもう一つの道場を作って疎開にも備えた。何かの不安への突破口として太宰府道場が準備されたのだろうか。その太宰府の土俵脇に横たわりながら、不動の悟りからいかにして脱するか、藻掻いているのだ。「モツケイタリエズ」はまだ未到達だったということか。

「学問がなかった」

実は、双葉山は留置場を出たあと、こんな証言を残している。

「自分には悲しいかな、学問がなかった。あのなかに己れを導く何ものかがあるのではないかと探求しているうちに、ああいう結果になってしまった」（『力士漂泊』）

「教育のない悲しさ」とでもいいましょうか、わたくしとしては、ただ身をもって体験するというだけで、いわゆる「批判的態度」をとることができず、冷静に判断する余裕とてもなく、すっかり渦中に巻きこまれてしまったわけです。（『相撲求道録』）

相撲に一家言あった作家の宮本徳蔵は、事件当時の双葉山を「白い狂気」だったと書いた。双葉山自身が後年書いた回想録の発言でも「教育のない悲しさ」ゆえの出来事だったとしている。果たしてそうなのだろうか。

そもそも信仰に学問だの教育・学歴など何の関係があるのだろうか。学問や教養は信仰と修行の中で育まれるものと、おそらくどの宗派でも教えるだろう。この時代の多くの相撲取りがそうであったように、双葉山も高等小学校を出てすぐに相撲界に入った。当時の力士はそういうものだ。世間からの指弾を返す意味から一種の言い逃れを彼は求めたとしか思えない。本当は悔しかったのかもしれない。

「自分が無学だったからではない。天皇さまが神ではなくなったからだ」とは死んでも口には出せない。そこが悲しいとも言える。

このあと明らかになってゆくのだが、実は流浪する璽宇には多くの文化人たちが集うようになる。彼らはみな世間的に言えば立派な高学歴の持ち主ばかりである。双葉山が悩む必要などまったくなかったことがやがて判明する。あるいは、生涯「モツケイ」などという言葉で語り尽くせるものではないのかもしれない。

戦後文壇のある風潮を代表するような言葉を吐いていたのは宮本百合子だ。「無学」だったという双葉山の言葉とは裏腹に、百合子は呉清源や双葉山が「科学的でなかった」ことを責めている。「双葉山を手玉にとった〝じこう様〟について」と題するこのエッセイの執筆は、おそらく金沢事件直後のことかと推察される。

碁の名人、力よりも技術の相撲とりといわれた呉清源、双葉山が、そろってあやつられていたということは、この二人が日本の古い世界では、もてはやされていたが、時代のはげしい転換期にあって、無能を暴露したわけです。これは単に頭がいいということが、どんなにあてはまらないかを示したものだと思います。こんどの事件ではっきりしたことは、人間はただ頭がいいということではなしに、科学的な裏付けをもった判断が大切だということと、社会がすべての人にとって不合理のないように改善されなければ、いつまでたっても邪教はでてくるということです。（『文藝』昭和二十二年三月号）

百合子の主張に従えば、神話に基づいて成立してきた天皇家の歴史はそもそも「非科学的」だと一蹴されることになろう。
あらゆる宗教は非科学的である。そこを衝けばキリスト教（プロテスタント、カトリック）やユダヤ教を主に信奉してきたアメリカの歴史も否定されることになろう。合衆国大統領やマッカーサーが日夜祈り続ける宗教を擁護するためにも、日本人に信仰の自由を認めなければ整合性が破綻する。神道指令はその微妙なバランスの上で天皇家個人の祭祀のみを許したのであった。

当時の日本共産党と宮本百合子は、その規範からも大きく外れた位置にいたということになる。

太宰府の道場脇に造られた自室での長い眠りから覚めると、双葉山は時津風親方に変わっていた。二月の冷たい水で顔を洗うと、直ちに土俵へ降り稽古の準備に入った。しばらくは自らの体づくりのやり直しから始まり、一週間もすると若い弟子たちに稽古をつけるまでに体力を取り戻していた。弟子の育成が当面最大の課題だったが、幸いなことに幕下、十両、幕内に幾人もの有望力士がすでに育っている。時津風部屋を無視できない側面もあった。不世出の横綱として慕われながらの引退だっただけに、相撲協会（出羽海理事長、元横綱・常ノ花）は昭和二十二年十月、時津風定次に理事就任を依頼してきた。

「金沢事件」からまだ八ヵ月だったが、双葉山はこれを受け理事に就いている。出羽海理事長は現役時代豪快なやぐら投げや上手投げを得意とした名横綱だが、理事長としても戦時中から敗戦後の混乱する協会を指揮し、また、双葉山や若乃花（初代）といった力士に早くから目をつけ昇進させてきた実績も高く評価されてきた。後年、理事長として君臨する在り方などが問題視された際には割腹自殺を図るなど、古武士を思わせる風もあった。

時津風理事就任のころは国技の大相撲に対するＧＨＱの監視や介入が極めて強い時代である。なにしろ回向院境内の国技館は接収されたままだ。大相撲は明治神宮外苑に野天土俵を造営したり、浜町公園に土地を借りて仮設国技館を建てて興行をしていた。ついでながら、蔵前国技館（仮設）が開館するのが昭和二十五（一九五〇）年からで、仮設から正式完成をみたのは昭和二十九年となる。さらに、現在の国技館（墨田区横網町の旧両国貨物駅跡地）が開館するのは、下って昭和六十（一九八五）年初場所からとなる。

そもそも「金沢事件」の背景にGHQの影があるともされる中で、事件の噂も消えていないこの時期に時津風理事が誕生したのは、やはり事件とGHQの関係はさほど強いものではなく、双葉山奪回作戦の方がより強い理由だったように思われる。

理事就任とともに金沢での無念を晴らすかのように弟子の育成に精を出した双葉山は、時津風部屋隆盛の基礎を固めようとしていた。関脇に不動岩、幕内に双子岩、常陸海、鏡里、若葉山（岩平改め）、鬼龍川、十両に大内山、らを擁していた。昭和二十八年には鏡里が横綱に昇進。三十年代に入るとさらに勢力を増し北葉山、豊山（のち理事長）の両大関が誕生する。この時期には関取（十両以上の力士）が十二人も揃い、古巣の立浪や二所ノ関の十人をしのぎ、出羽海、高砂の十五人に次ぐ隆盛を見せることとなる。

「相撲を捨てた」双葉山が、時津風として相撲に帰ってきたかに思われる活躍ぶりである。本当に彼は璽宇から心が離れたのだろうか。

流浪

釈放されたあと、璽光尊と残った二十数名の信者たちは騒動があった松ヶ枝町の前多平作邸にしばらく留まっていた。昭和二十二年三月中頃までは周囲からの冷酷な仕打ちにも耐えていたが、限界があった。このままでは神示もお筆先もままならない状態だ。家主もたまらず代替地探しに奔走した。ようやく自宅を引き渡した上にさらに不足分として三十万円という大金を家主の前多自身が工面した末（呉清源『以文会友』）近隣のさる屋敷を買い取り、昭和二十二年三月十五日にいったん遷宮する。

この屋敷がなかなか瀟洒な洋館造りだった。ところが、広壮な洋館だったため、実は占領軍による接収が決まっていた物件だった。家主の前多が騙されたのだが、結局、五月二十日、玉川署の警官隊がふいに出動して追い出されてしまう。駆けつけた新聞記者に囲まれ、周辺住民からも「インチキ宗教は出て行け」「新興宗教は来るな」といった罵声に小突き回され、夜も更けてから知人の松本徳三郎宅二階に避難したのであった。この先、教団はめまぐるしく数えきれないほどの引っ越しを繰り返す。やや煩雑になるがさまよい、迷走する璽宇の移動を追っておこう。

信者たちの目に映る道端に積もった雪は、地面の汚れを隠そうとするように月光に光っていた。そんな夜更けである。

長い髪を水引で後ろに束ねた中原姉妹の巫女が、越してきたばかりの門に掛かる男松と女松の根元に金沢産の神酒を盃から注いだ。魔除けであろうか。

一週間ほどは松本家の狭い二階に身を寄せていたが、やがて昭和二十二年五月二十八日夜には金沢を離れていったん東京へ向かうこととなった。新潟県直江津を経由して信越本線で上野駅を目指す長旅だが、この旅路はそもそも杉並から金沢に遷都する際に通った同じ線路だった。わずか半年前である。双葉山が上野駅のホームで一行を見送ったのが前年の十一月三十日のことだ。この間に璽宇一行の命運は大きく変わってしまったのだが、璽光尊の気力に陰りはなかった。天照大神が下さる力を信じて疑わず、あくまでも再興を目指していた。

夜行列車で金沢を発った翌二十九日早朝、高崎経由で朝方大宮に着いたときである。璽光尊は勝木徳次郎以下六名の側近だけを連れて大宮駅で下車、氷川神社の境内で夏場所の稽古に入っていると聞いていた双葉山の激励に向かった。

両国の部屋と築地の自宅を空襲で失った双葉山は、後援者が提供してくれた氷川神社の境内を気に入っていた。第一章の冒頭でも述べたが、氷川神社が出雲伝説にある素戔嗚尊《すさのおのみこと》を祀った神社でもあることが、そもそも双葉山の信仰心にうまく符合していたとも言われていた。突然訪ねて来た璽光尊に双葉山はかなり驚いた様子だったが、朝稽古のあとのちゃんこ鍋を璽光尊一行にも勧め、歓待している。

大宮から一行は鎌倉の腰越に住む知人を頼ったが小田急線で世田谷大蔵に向かい、信者の松田三郎方にやっと荷をほどいた。ここにいたのはおよそ四ヵ月ほどであろうか、七月上旬にはここも追い出され、呉清源が頼み込んだ萱野家所有の山中湖畔旭丘にある別荘に遷宮した。だが、ここも年末までであった。それというのも、持ち主の萱野が別荘を破格の八万円で売ってもいいと申し出たところ、「家主が信者になって寄進するのでなければだめだ」という璽光尊に以前からあるかたくなな主張が変わらず、断念せざるを得なかったのだ。

短い時には一週間、長くても四、五ヵ月という遷宮流浪が続いていた。石もて追われるか、家主との契約などで揉めるかのいずれかなのだ。周辺社会からの断絶もあるが、璽光尊自身が生来負っている気性との運命共同体であるがゆえでもあった。

この間、山中湖畔へ移る少し前からだろうか、皇族邸を突然訪問する神示が再三繰り出されるようになる。杉並区関根町時代に試みた璽宇参内を促す運動の復活と見えたが、マッカーサー直訴を始めとした璽光尊の勢いが最高潮に達していた期間の再興の夢を見ていたのかもしれない。

巫女役からは、まず秩父宮邸を仮の滞在先にとの神示が出た（側近だった山本栄子の手記「魔女の願い」一九六〇年、「對馬論文」）。

七月六日、一行は肺結核のため昭和十五（一九四〇）年から療養中だった御殿場の秩父宮邸をいきなり訪問したものの、警官隊や野次馬にも囲まれ、門前払いを喰って野宿をする羽目になる。この突飛とも思える行動には、それなりの裏事情がある。幹部信者の呉清源はもともと世界紅卍字会系宗派の道院に属していた。道院が満洲でかなりの影響力をもっていたことはよく知られているが、満洲の皇帝だった溥儀と秩父宮はかなり親しかった。溥儀が訪日した際、貞明皇后が極めてねんごろに溥儀をもてなしたことはよく知られている。本当の息子のように思い、手をとって大宮御所で接待したのである。母宮・貞明皇后の秩父宮への思いも深く、そのことを熟知していた璽光尊が秩父宮に接近したかったのは、宮中への影響力を考慮した上でのことではなかっただろうか。その判断に、呉清源が加わっていたと考えれば一入である。大本や神政龍神会と璽宇の縁《えにし》が戦後も消えることはなかったといえるからだ。

さらに大晦日には遷宮先と決めた沼津の御用邸へいきなり訪れたものの果たせるかな開門を拒否され、再び野宿の憂き目に遭っている。当時の沼津御用邸には貞明皇后や皇太子（現・上皇陛下）がしばしば滞在していた。沼津では「みぞれ降る中を元旦にかけて警察や野次馬の前に璽光尊様をさらし者」（同前掲資料）にしてしまうことになった。

敗戦後の混乱期、金沢事件直後のこうした皇族邸訪問騒動は警備当局の不審だけを買い、社会からの疎外感を一層感じる結末だけを招いた。一度「邪教」のレッテルを貼られた璽宇は以前にも増して世間からの風当たりが強くなり、追い立てられては各地を転々とする流浪の旅に追い込まれていた。

買取りが不調に終わった山中湖別荘も最後は立ち退きを迫られる。翌二十三年一月八日朝には御殿場駅から青森県の尻内《しりうち》駅へ向かって列車で大移動、九日午後、尻内駅に着くとバスで八戸に向かい、いったん海岸沿いの宝台旅館という宿にその晩は落ち着いた。

長岡良子さん（四十六）は呉清源以下例の璽宇内閣閣僚を従えて九日午後三時十分尻内駅に降り立ち、地元の信者の先導で貸し切りバスにおさまった。この日のいでたちは黒いマスクに例の紫の頭巾をすっぽりかむって、しっかりご神体をいだいていた。（「朝日新聞」昭和二十三年一月十一日）

いずれの地に向かうにも、満員列車に押し込まれての移動だったが、食料を求める乗客が多い東北への旅はなおさらであった。そういえば、金沢で御前会議を開いたあの時、璽光尊から御神示が降りたと言われた落ち延び先予定地も八戸であった。遷宮先となる屋敷は、地元で造り酒屋を経営する宮重という信者が市内番町に購入し提供したものだった。ここが安住の地かと思われたが、八戸でもまた事件が起きる。

八戸での新たな事件発生の前に、璽光尊と呉清源の関係に亀裂が入りつつあったいきさつを簡単に述べておかねばならない。その起因となるのは「読売新聞」である。発端は二十二年七月中旬、「読売新聞」が呉の居場所を突き止めたことに始まる。

双葉山を璽宇から奪回したのは「朝日新聞」だったが、呉の場合は読売が動いた。棋士には各新聞社に身を委ねながら大きな碁会に臨むという制約が掛かっていた。呉清源の勧進元は読売である。

終戦後、呉清源は長らく碁を打っていなかった。当然、新聞社側は困り果てており、璽宇から奪回する機会を窺ってはいたのだが、璽宇の堅牢な囲い込みと本人の強い意志、その後の移動があまりに激しかったせいで捉まえられなかったのだ。だが、山中湖畔の萱野別荘にいる呉清源をようやく読売が見つけ出し、神戸までの切符を用意して六甲山の旅館で打ち込み十番碁を対局させたのだ。「どこをどう探したのか」と呉清源自身が回想記で驚いている。

このとき六甲山での対局を終えた呉は、再び山中湖畔に戻った。暮れまでは璽宇と行動を共にしていたが、読売としばしば連絡をとっている呉を璽光尊が面白く思うはずもなかった。八戸遷宮直後まで、幾度かぎりぎりのやり取りが二人の間で行われてきた。「やめるか、残るか」の二者択一の瀬戸際が半年ほど続いていたと思われる。二十三年一月中旬、遂に璽光尊は八戸から呉清源を追放した。

双葉山の場合はいわば相思相愛、離れたくない関係を「朝日新聞」によって一挙に引き裂かれたものである。呉清源の場合は、どうやら呉に囲碁への未練があると見抜いた「読売新聞」が、時間と金を掛けて璽光尊から引き離そうとした段階で璽光尊から離縁されたものと思えた。

こうして妻とその妹の巫女を残したまま、呉清源は八戸を去り、東京で信者の家に泊まりながら囲碁の世界へ戻っていた。その呉に妻の和子から至急電が入ったのは、二十三年二月二十八日である。

八戸事件

屋敷を提供した宮重という男は、璽宇信者ではあっても八戸という遠隔地で酒造業の経営者でもあったため、これまでは璽宇とほどよい距離を保ちつつ生計を立ててきた。ところが事態が急変、璽宇本部が地元にやって来たため、その関係性が一挙に変化をきたした。

璽光尊が「商売をやめて信者と一緒の信仰生活をおくれ」と要求してきたのだ。これには宮重も困り果てた。

宮重は「私に商売さえ続けさせてくれれば、儲かった金はいくらでも璽宇に寄進してもよい。しかし、私がいま造り酒屋の商売をやめれば、家は破産してしまう」（『以文会友』）と懇願する。

ところが璽光尊は商売で儲けた金を寄進しても、ご利益はない、と相手にしない。こうした押し問答が繰り返される内に、宮重は信者である以上自宅には帰りづらくなって、そのまま璽宇の屋敷に泊まり込むようになってしまった。困ったのは残された宮重の家族と従業員たちである。

主人を返してくれと、家族や従業員たちは璽光尊に直訴したのだが、一向に取り合わない。遂に万策尽きた彼らは、警察には知らせず、漁師町にいる気の荒い屈強の者たちを束ねて璽宇を襲撃して宮重を奪回する策を選んだ。法的手段より直接的暴力に訴えたのである。酒造蔵に荒くれ者に顔が利く職人がいたのかもしれない。二月末のある日、一団の男たちによって璽宇本部は襲撃され、璽光尊は数人の側近と一緒に宮重を囲んで二階に立て籠った。二人の巫女も一緒である。一階で男たちが大暴れしている物音と悲鳴が聞こえてくる中、璽光尊は二階の階段口に蓋をして押さえさせていたという。

この場の様子は呉清源の回想録『以文会友』による以外資料がないので、呉清源の目から見た情景しか伝わっていない。その点は差し引いてみる必要があるのだが、いずれにせよ襲撃自体は真実で、屋敷内は相当な修羅場と化していたようだ。

そのような中で二階に籠った人たちはただ息をひそめ、誰も動こうとはしない。若くて義俠心に富んだ家内は、一人で一階に下りようとしたが、皆に止められ行くことができない。家内は、階下の惨状を知りながら、黙って座っているのは、針のむしろに座っているようであったと、のちに述懐した。（同前『以文会友』）

宮重は事件後、自宅に戻った。二階にいた璽光尊らは無事だったものの、一階で暴漢に襲われた信者に怪我人多数が出ている。一階にいた幹部の清水と長崎二名は怪我を負った上に、璽光尊から「事件はお前たちが裏切って内通したために起きたものだ」と言われ、璽宇裁判のようなものに掛けられた。結果は、信者としてもっとも辛い「霊が億万年の地獄に落とされる」裏切り者と断定された、という。

理不尽とも思われるこの裁定に、呉の妻・巫女の和子もさすがに璽光尊のやり方に疑問を抱き、信仰生活に迷いが生じ始めていた。和子が呉清源をウナ電で呼んだのは事件の翌朝、二月二十八日だった。

三月一日午後、八戸市番町の璽宇本部に八戸警察署の一斉手入れが入った。信者による脅迫および璽光尊の三種の神器が短刀不法所持等の容疑によるものだった。捜査の結果、短刀は発見されず、代わりに精米二斗が出てきたので食管法違反の疑いで取り調べが行われた。

(「東京タイムズ」昭和二十三年三月五日)

呉清源がよれよれの国民服姿で八戸に着いたのは手入れ直後のことだ。警察の介入は地域住民による大掛かりな拒絶反応の結果といっていい。新しい宗教に対する一般市民の疑念や困惑が膨らむと、常にこうした事態が惹き起こされる。八戸事件の場合、璽宇そのものが何か犯罪行為を犯したという事実は見当たらない。宮重という一経営者のいわば家庭内問題の始末が教団に持ち込まれたということに尽きる。教団からすれば、宮重を拉致したわけではない。宗教活動の範囲内だと主張できよう。警察も暴力行為はうやむやのままで、せいぜい嫌がらせのように食管法を行使するだけだった。璽宇に前歴がなかったら、手入れはされていなかったに違いない。

周辺住民の璽宇に対する態度も厳しく、まったく文字通りの火責め水責めで、近所の店舗からは食料品の購買も拒否される始末だった。璽光尊もこの間には風呂に入ることもかなわなかったと側近だった山本栄子は書き残している。まさしく、四面楚歌である。

こうした事件の末、璽宇は八戸に住むことも困難となり、三月中には東京に戻るのである。双葉山なきあと、教団の有名人は呉清源一人となったため、屋敷探しは彼の名声に頼るほかなくなっていた。

八戸事件以後、璽光尊は次第に世直しにかくも妨害が入るのは、実は「悪魔」の一団が璽宇を憎んで潰す活動に出ているためだと考えるようになる。信者は一人減り、二人減りと去っていくようになった。側近でいえば中原姉妹が、やがて山本栄子も脱会する。昭和二十三年十一月十一日、中原和子がまず璽宇を突然のように出て行った。八戸事件がきっかけとなって、璽宇の内部崩壊が始まっていたのだ。和子がいなくなった後で、遺留品の中から一冊のノートが見つかっている。

その鉛筆書きの「手記」には、自分の本性が実は「魔賊の王」であり、璽光尊の世直しの神業を妨害するため、その本性を隠して璽宇に入り込んでいた。いま自らの非を悟ったので懺悔するとの内容が書かれていた。

いまや璽光尊についている信者は勝木徳次郎以下十数人ほどだったろうか。所帯が小さくなった璽宇一行は、呉清源が紹介した目黒区祐天寺にある中国人の家を借りて居を構えた。だが、ここでも祈禱の声や人の出入りがうるさいとのもめ事が起き警察沙汰となったため、七月、横浜の大倉山にある信者の家に短期間入居するものの、やがて読売新聞社が呉清源の求めに応じて購入した箱根の仙石原にある浅野家別荘に転がり込むようになる。対局には体力を温存できるような環境が必要とされるが、呉のそうした要請を読売は承知した。さらに、璽光尊は読売から呉に支払われる一局二十万円の対局料を十回分まとめて璽宇に直接納入せよ、との要求を出したがそれも読売は呑んだという(『以文会友』)。それほどまでに呉清源の実力は高く評価され、新聞販売力への影響が強かった時代でもあった。

仙石原での生活もそう長続きはしなかった。読売新聞社は呉清源に将来を考えて璽宇から離れるように説得し、呉も対局ごとに璽光尊との距離が開きやがて完全に離脱した。妻とその妹も十一月には璽光尊の神格に疑念を抱き離れた。大部分の信者を失った璽光尊は、昭和二十五年初秋、横浜市港北区師岡町三六八の信者の屋敷を改装して遷宮。以後、ここを璽宇仮宮と定め、勝木を軸にして再興を図る。その最大の目標は大看板だった双葉山を取り戻すことにあった。

第六章　崩壊する王国

天責者

璽宇再興こそが天命と考える璽光尊にしてみれば、角界へ帰っていった双葉山はなんとしても取り戻したかった。呉清源が去った今となってはなおさらである。

璽光尊にしてみれば、双葉山は後醍醐天皇の皇子・懐良《かねよし》親王の生まれ変わりで、世にも貴重な霊格者だけの称号「天責者なり」と称揚した力士だった。素戔嗚尊《すさのおのみこと》の名から素を戴くことを許し、双葉山素彦と自らも名乗ったほどなのだ。彼の修行ぶりもあろうが、璽光尊からすれば宣伝効果を考えても他の誰よりも貴重な存在だったことは間違いない。

昭和三十五年二月になって天責者十人の名前が明らかになった。もとより、璽光尊独自の世界観、人間観としてこの世には天責者、地責者、邪霊、魔賊の四種類があり、そのほとんどが邪霊とされる。宗教学者・村上重良に（『歴史と人物』中央公論社）よれば、世直しの神業を助けられる貴重な存在が天責者で、国内外合わせておよそ三十人おり、地責者は天責者を補助する役で全世界に三千人いて、その内の日本人十人が璽宇から発表されたという。一枚の紙に毛筆で

書かれていた十人とは、

裕仁、明仁、鷹司和子、(正田)美智子、吉田茂、松本重治、松浦要、大谷光紹、永田雅一、双葉山素彦

である。美智子さんを「(正田)」と書いていることから推すと婚約内定してからご成婚までの間、つまり昭和三十三年十一月二十七日以降三十四年四月九日までの間に記されたものがそのまま三十五年に発表されたとも考えられる。

天責者としてリストにあった十人の内、鷹司和子とは、昭和天皇と香淳皇后(良子皇后)の第三皇女(孝宮和子内親王)で現在の上皇陛下の姉にあたる方だ。元公爵の長男・鷹司平通《たかつかさとしみち》に降嫁したが、夫の平通が昭和四十一年一月に馴染みの銀座のママと一酸化炭素中毒による事故死(ガス心中)するなど悲運な生涯を送っている。和子は降嫁以前に母宮・良子皇后の妹・智子《さとこ》(久邇宮邦彦王三女)が嫁した大谷光暢《こうちょう》の長男・大谷光紹《こうしょう》(浄土真宗東本願寺派二十五世法主)と従妹間の婚約が内定したと報道されていた。もちろん、璽光尊が記した時点では事件は起きていないが、良子皇后と従姉妹だと主張する璽光尊にとってみれば、和子の降嫁自体を悲運とみたのであろうか。璽光尊の母は池田侯爵家へ降嫁した女性だという話、あるいはナラティブ(「ある意識をもって語ること」の意)と言ってもいいストーリーを補強する意味もあったかもしれない。

そもそも、あらゆる宗教は不合理である。当然ながら璽光尊の話は論理の問題ではなく、すべてが信仰、すなわち非論理、不合理の領域で語られる。信仰に論理はない。神道の頂上たる天皇もまた同様に不合理な存在とされるゆえんもそこにある。

だが、近年というより戦後になって、天皇は不合理ではいけないとされてしまった。GHQの要求である。昭和二十一年元旦に発表された詔書によって天皇は「単ナル神話ト伝説トニ依リテ生ゼルモノニ非ズ」「架空ナル観念ニ基クモノニ非ズ」と規定されたのだ。GHQ内部のCIE（民間情報教育局）指導によるいわゆる「神道指令」、つまり「人間宣言」の舞台裏については第一章で述べた。天皇は神話、つまり不合理であってはならない、という命令だ。かろうじて天皇家内部でのいわば「個人的」祭祀は認められたものの、国家が関与することは一切まかりならぬというのが戦後史となった。双葉山の懊悩もそこに端を発していた。

話がそれたかもしれないが、璽宇内は不合理の世界が続いていた。その端的なケースが八戸事件以降、璽宇内で発生した。邪霊の極にあるのが魔賊である。実は、最側近でありながら璽光尊のもとを離れた巫女の中原和子が十一月に去ったあと、ノートが見つかり、自らが魔賊の元締めであったことを告白するという事態が起きている。側近の大部分が神様抹殺の魂の持ち主で、あの金沢事件こそが璽光尊打倒の腹を持つ魔賊たちの陰謀だったとする顚末書でもある。世間一般常識からすれば理解不能な話に聞こえる。だが、それが八戸事件の結末だったという説明だった。不合理なこの顚末を璽光尊は認め、さらに新たな攻勢を掛けようとしていた。

大神様は総理の勝木徳次郎を呼んで命じた。俗人に戻った双葉山を必ず取り返すようにと。璽光尊には双葉山を奪回して再びあるべき天責者の地位に就ける自信があった。何よりもあの大宮・氷川神社で再会したとき、双葉山はあんなに嬉しそうに振る舞い、突然訪ねて行った璽宇一行にちゃんこ鍋をご馳走してくれたではないか。双葉山は自分に向かい丁寧に頭を下げて久闊《きゆうかつ》を叙し、璽宇にいるがごとく接してくれたことがその証《あかし》ではないか。璽宇に戻りたいがなかなか言い出せないもどかしさ、というのが双葉山の本心なのだと勝木に説いた。つまり、湯涌温泉で呉清源らが追い返されたのは「朝日新聞」が傍にいたからであり、双葉山の真意ではなかった、朝日さえいなければ必ず取り戻せるとも付け加えた。

そうは言われても、大相撲界、それも協会理事という城塞に入ってしまった双葉山に対しては勝木が簡単に接触できるチャンスはなかった。協会自体に「できればアノ問題に触れられたくない」との思惑が強く、神経質になっていたようだ。かつて、呉清源が接触したときはまだ「信仰心の強い現役横綱」という立場だったので、巡業先や宿舎の両国ホテルなどでの面会はそう難しいことでもなかった。今となっては協会はもとより、部屋の関係者や女将である澄子夫人も警戒心が強い。

しばらく機会を窺っていた勝木が最初に動いたのは、昭和二十五年六月のことである。このときは、信者の一人に自分が書いた切々たる手紙を時津風部屋まで届けさせたものの、澄子夫人に門前払いを食らって失敗。

それから数年間の歳月は為すすべもなく過ぎ、昭和三十年の春になって勝木が再び動き出した。相撲界に疎い璽光尊周辺にまで時津風の噂は伝わってきた。理事としては若手ながら今や協会内部での立場は理事の中でも抜きん出ていると。実際、この年に入ってから時津風は政治家・大麻唯男の肝煎りで理事長の出羽海と義兄弟の盃を交わしていた。

風水害義援金募集大相撲で、年寄対現役対抗戦にも出場し、九歳年下の現役の小結若瀬川を上手投げで屠ったとの新聞記事を見たこともあった。心身ともに相変わらずの力量を見せる双葉山を遠くから眺めていた勝木に璽光尊が再び活を入れた。金沢時代に出入りしていた地方記者の一人に若崎という男がいる。若崎を呼び寄せた勝木は「みんな忠臣を装っていたが実は魔賊だった。双葉だけが天責者、つまり本物だったから是非とも彼を奮い立たせたいのだ」と説き、「大神様に会って欲しい」との親書を託した。

三月の大相撲は大阪場所である。天王寺の時津風部屋宿舎を指定された日に訪ねたところ、側近の小林龍男が邪魔をしてなかなか会わせてもらえない。例の金沢事件の直前に朝日新聞の藤井記者が九州から呼び寄せ、金沢署脱出、湯涌温泉の連泊にも同行した男である。

手紙を渡す瞬間すら見つからず時間が無くなったときだった。時津風がひと言使者に口を開いた。小声だった。

「神様にくれぐれもよろしく申し上げてくれ。お懐かしく思っています」(「勝木手稿」)

璽光尊も勝木も手応えは十分に感じたようだ。さらに一年後、昭和三十一年五月には時津風親方と付き合いのある大和タクシー(大和自動車交通株式会社)新倉文郎社長の口利きを貰った坂本雍という男が使者に立った。五月十三日、時津風部屋一行が立川市へ巡業する途上、坂本は新倉社長が回してくれたハイヤーに親方と一緒に同乗することができた。その場で時津風が口にしたのは、

「一度、自分も是非挨拶に伺いたいと思う。いつかその機会を作りたい」(「勝木手稿」)

というものだった。「いつということは言えない」では極めて不明瞭な返答だ。前回からの進捗はなかったと言わざるを得ない。

天覧相撲

引退後も双葉山の国民的人気は衰えなかった。第三十五代横綱の名声に戦後社会の闇を突き抜ける期待感がかぶさったのか、金沢事件という社会的な「不祥事」をも実績が上回ったというべきか。協会も彼の人気を無視はできず、逆にその波に乗った。なにせ、金沢事件が起きた

八ヵ月後には早々と理事に昇格（昭和二十二年十月）させたほどである。戦後復興を担う次世代親方の代表格と目されていた。加えて、出羽海理事長とも昵懇だった。昭和二十五年二月には取締役に就任し、三期務めたのち昭和三十一（一九五六）年一月からは理事長代理に昇格する。

この間、昭和二十七年九月場所直前には長い間続いてきた土俵上の四本柱を廃止し、取組を見やすくする改革を出羽海と共に遂行するなど、力を注いできた。協会改革の推進派として注目を浴びる存在になっていたのだ。

こうなると璽宇から送り込まれた使者が接近を試みても、近寄る隙などなかなか見つからないのも当然だった。そんな昭和三十二年五月、先にも触れたが、出羽海理事長が協会運営問題を追及された責任感から自殺未遂を図るという事件が発生、代理の時津風が第三代の協会理事長を襲うことになった。

当時の大相撲は、千代の山人気を起点に栃錦、朝汐、若乃花などの熱戦が繰り広げられ、大いに盛り上がっていた。また、昭和二十八年五月場所からは従来のラジオ放送に加えて、NHKによるテレビ中継が始まったことも大きな要因だった。テレビの普及はこのあと、昭和三十四（一九五九）年四月の皇太子（現・上皇陛下）と正田美智子さん（現・上皇后陛下）のご成婚実況放送の際に爆発的に伸びたとされる。

昭和天皇が国技館に行幸する天覧相撲が始まったのは、昭和三十年の五月場所（十日目）からだ。初回は天皇お一人の観戦で、皇后とお揃いでの観戦は昭和三十五年が最初で、崩御までには計四十回観戦されている。
その日、蔵前国技館の正面入り口には、初めての天皇御成《おなり》に備えて出迎えた協会幹部の列の中には当然ながら時津風の姿もあった。
『昭和天皇実録』（宮内庁書陵部）は以下のように詳細である。

（五月）二十四日　火曜日　大相撲五月場所十日目を御覧のため、午後二時五十分御出門、蔵前国技館に行幸になる。（中略）御休所において財団法人大日本相撲協会理事長取締出羽海秀光（常ノ花）・取締春日野剛史（栃木山）・同時津風定次（双葉山）・同伊勢ヶ浜勘太夫（清瀬川）の拝謁を受けられる。それより御観覧席に移られ、出羽海・春日野・時津風・伊勢ヶ浜の説明により、幕内力士の土俵入り及び十日目の取組を御覧になる。（中略）なお、蔵前国技館への行幸はこの日が初めてであり、御観戦について次の歌をお詠みになる。

久しくも見ざりし相撲《すまひ》ひとびとと手をたたきつつ見るがたのしさ

昭和天皇は天覧としての大相撲観戦は初めてだったが、皇孫時代に初代両国国技館（明治四十二年六月開館）への二度の台覧が記録されている。昭和天皇の相撲好きはよく知られるところだが、現在の天皇賜杯はまだ摂政宮だった大正十四年の誕生日に協会に贈られた賜金をもとに造られたものだ。
補足すれば、かつて協会は「財団法人大日本相撲協会」だったが、現在は「公益財団法人日本相撲協会」に改称された。また、宮廷では相撲を古代から「すまい」と呼んでいたことから、和歌では「すまひ」と詠まれる。この御製は現在の両国国技館の敷地内に歌碑として残されている。当時、侍従次長だった入江相政は、天覧当日大観衆の歓声に包まれたため「実にいゝ気持ち。お帰りは国電のガード下までの間、まるで地方行幸のやうな人でだつた」(『入江相政日記』)と記した。

昭和天皇の初めての天覧に双葉山が拝謁を賜っていたことは『昭和天皇実録』にも明記されていた。金沢事件から八年四ヵ月経っていたものの、双葉山の心中はどうだったのだろうか。一度は「神ではなくなった天皇」からは決然と自らを切り離し、「人間となった天皇は自分を補佐する第一位である」と自らが天皇を超えた存在であると規定した璽光尊に帰依した身である。金沢事件で警察と対峙する際には、「天皇の踏み絵」を踏むようなまでの決断をした男なのだ。初天覧のとき、彼は相撲協会取締という重責にあった。その双葉山が協会取締時津風として、昭和天皇の御前に畏《かしこ》まり、説明役も務めたというのである。本人の胸中はどのようなものだったのか、何も書き残されていないので知る由もないが、平穏ではなかったであろう。情報にはかなり知悉していたとされる昭和天皇は、すべてを承知してのことだった可能性は高いと思われる。天皇が一切を知らぬはずはなかったと考えるべきだろう。このとき昭和天皇は五十四歳、双葉山は四十三歳、璽光尊が五十二歳である。

理事長室に入った時津風への面会は一層困難になったかに思われた。昭和三十二年八月、勝木は一計を案じ、双葉山に通じる最も強い人脈の一人、野依秀市に話をつけてもらう手段を講じることにした。野依は「帝都日日新聞」と「東京毎日新聞」を吸収合併した新聞界の大物で、酒井忠正（旧伯爵）、安岡正篤（陽明学者）らと並んでかつては双葉山後援会の最有力者たちの一人である。勝木は手順としてまず璽宇に協力的だった「中外日報」（今東光社長）の神奈川支局長で桜井好光という男を野依の所へ送り込む。

桜井から仔細を聞いた野依は「双葉が璽光尊のところへ一度も顔を出していないのはまずい。君が時津風に直接会うように」（「勝木手稿」）と桜井に伝えた。

八月十三日午前、野依の紹介状を手にした桜井が、蔵前国技館の理事長室に時津風理事長を訪ねる。紹介状が効いたのか理事長の愛想もよく、勝木からの手紙を渡し、終始和やかに一時間ほど桜井の話を聞いていたという。桜井がもう一度会いたいと頼んだところ、「九月には会える」との快諾を得た。桜井は持参した璽宇に関する記事が載っている「中外日報」を手渡し、国技館を辞去したのだった。

一点突破

双葉山が読んだ「中外日報」の記事というのは「雑記帳」という短いコラムのようなものだ。そこには著名文化人が続々と璽宇を訪れていると書かれていた。

解散の憂き目をみた璽光尊はその後璽宇を横浜市港北区師岡に定め、神示により世直しの構想を練っているが、ここを訪れて教えを乞う人々が相当あり、そうした人々の中には著名人の姿も多く見られている。

最近では徳川夢声氏、亀井勝一郎氏、平凡社社長・下中弥三郎夫妻、かつて二・二六事件のとき「兵に告ぐ」の名文を書いた大久保弘一大佐等々、変わったところでは踊る宗教の北村サヨ氏なども来訪している。（「中外日報」昭和三十二年七月十七日）

璽光尊は民衆志向の宗教運動は意図していなかった。金沢事件以降は特にその傾向を強くしたようだ。失敗を繰り返してきたとはいえ皇室へのアプローチを再三試みてきたほかに、亀井勝一郎などまでが加わるという著名文化人を集中的にリクルートすることでエリート指導者を味方につけ、一点突破を図るアプローチを試みたように思われた。

たとえば、對馬路人は「新宗教における天皇観と世直し観」という論文において璽宇独自の戦略について次のように述べる。

民衆への働きかけよりも、むしろ一種の「宮廷革命」を通して立替立直を志向した運動としては戦後の璽宇の運動がある。璽宇の場合、璽光尊自らが天皇にかわる立替立直の担い手とみなしていたが、彼女は天皇やマッカーサーや吉田茂など要人に呼びかけ、「璽宇内閣」を組織することによって、それを実現しようとしたのである。(對馬路人他監修『神政龍神会資料集成』解説)

徳川夢声は戦前は活動写真の弁士、漫談家として、戦後は文筆家、ラジオ番組や初期のテレビ番組などで活躍し、現在でいうマルチタレントの先駆けともいえる人物である。吉川英治『宮本武蔵』の朗読、「話の泉」、雑誌の座談会(「天皇陛下大いに笑ふ」=「文藝春秋」昭和五十二年六月号)などでも話題を呼んだ。双葉山が璽宇から離れたあと、徳川夢声はＮＨＫのラジオ番組に双葉山と璽光尊を一緒にゲストで呼ぼうとしたとされるが、実現しなかった。

亀井勝一郎は言うまでもなく文明批評家として第一人者の地位におり、文化、芸術から仏教思想に至る広い分野で言論界に重石をなした人物の一人だった。

下中弥三郎は「大百科事典」や「東洋文庫」、雑誌「太陽」などの版元・平凡社の創設者として著名だが、戦前期は農本主義の影響を受け国家社会主義への傾斜が強く、労農運動、教育運動、戦後は世界連邦運動などの平和運動に力を注ぐ。一方、「世界大百科事典」を完成させるなど幅広く活躍した異色の出版人である。

大久保弘一は二・二六事件（昭和十一年）の際、戒厳司令部が投降を呼びかけた有名な文書「兵に告ぐ」を執筆した元軍人。当時、陸軍省新聞班員だった大久保弘一少佐が原文を書き、ビラとラジオで発せられ、叛乱軍下士官らが帰順することになる重要な資料とされている。終戦時、陸軍大佐にまで進んでいた大久保はその後、昭和三十一年には徳川夢声に誘われ璽宇に入信、璽光尊の側近となった。叛乱軍を諫める告示の原文を書いた大久保だったが、昭和四十一（一九六六）年には作家・三島由紀夫の作品に影響を受けて二・二六事件を青年将校の側から見直すようになる。この動きにはかつて戦前に巻き起こった璽宇の活動原点への回帰に繋がるエネルギーがみられるが、そのいきさつは後述する。

下中弥三郎

もともと大アジア主義的な理想主義者として社会運動に傾斜していた下中だが、戦時中は大政翼賛会の発足に協力するなど、国民運動的な動きが目立つ出版文化人といえた。その下中のところへ大久保弘一が璽光尊の神勅を携えて訪ねてきたのは昭和三十二年五月初旬のことである。二・二六事件のあの大久保の名は聞き知っていた下中ではあったが、璽光尊から「じきじきに面接する」と言われたのには少なからず驚いたはずである。

璽光尊にしてみればこの時期、双葉山奪回に決定的な打開策がなく、やや手詰まり感が漂っている中、財政的にも、社会的にも有力な協力者が欲しかったはずだ。さらに言えば、金沢事件の払拭を考え、より穏健で社会に受け入れられやすい人物が好ましい。その点でも、大出版社の社長で多くの文化人と面識があり、東洋的求道心が篤かったとされる下中は適材といえた。とりわけ璽光尊の琴線に触れたのは、下中が第二次大本事件以前から大本の開祖出口なおによるお筆先（経典）をまとめた『大本神諭』を出版していたことが大きかったのではないか。

当時の下中と新宗教の関わりにはすでに濃密なものがあった。璽宇訪問の少し前から彼は兵庫県川辺郡谷川村肝川（現・猪名川町肝川）にある大国宮へ通っていた事実が分かっている。ここは神秘的な山間にある見た目には小さな神社ながら戦前は肝川龍神と呼ばれ、出口王仁三郎が深く関わり大本の影響下にあったことで知られていた。第三章で触れた元海軍大佐の矢野祐太郎はこの組織を巻き込んで天皇による神政復古の実現を目指して神政龍神会を立ち上げたのであった。

その大国宮に通っていた下中弥三郎が、大本の影響を受けてきた璽光尊から神勅を受けるのに躊躇はなかったはずである。その二年ほど前、昭和三十年三月にここを訪れた下中は、大国宮から耕大陣之大神《たがやしだいじんのおおかみ》という神名を授かった。昭和三十六（一九六一）年に没した下中は、三十九年、大国宮の先覚者としてここに合祀されている。

神勅を受けて横浜市師岡に璽宇皇居を訪ねた下中は、「名力士の双葉山や、天才棋士の呉清源に熱烈な信仰を抱かせた璽光尊である。そこには何か常人にはない力のようなものがあったはずだ。それを知りたいと思った」（『下中彌三郎事典』）とその動機を述べている。昭和四十年に刊行された『下中彌三郎事典』は、下中の宗教、思想運動を網羅した貴重な一書となっている。最初の訪問で大いに感じるものがあったのだろう、二度目の訪問時には自らが窯で焼いた花瓶を持参した。彼は陶芸家としても名があった。花瓶には世直しを意味する鶏が夜明けに鳴いている絵が描かれていたという。

ところで、先の「中外日報」に「下中弥三郎夫妻」とあるのは間違いだ。下中は最初の訪問時から常に同伴者として天野照子という女流歌人を同道していた。天野照子について新宗教関連のルポライター梅原正紀は、「東洋的ミスティシズムへの傾斜の強い下中は愛人で歌よみの天野照子を同伴して璽宇皇居を訪ねた」（「月刊ペン」昭和四十六年十月号「全調査・日本の新興宗教」）と明かしている。

調べてみると、二人は短歌の同人誌「無派」の中心メンバーとして活躍していた。いわば同志的結合が縁を深めたものと思われた。「無派」の編集部は下中が創設した国際芸術センター内に置かれている。実際、下中の天野重用ぶりは際立っており、折に触れて天野が「やさぶろう窯」で焼いた陶器に和歌を書いて璽光尊に献上するなど、分身としての役割を果たしていた側面が見られる。璽宇訪問初期の段階で下中に頼まれた天野は「女性仏教」（昭和三十二年九月号）という雑誌に「万魂救済こそ永遠の平和」と題した璽光尊礼賛のエッセイを発表している。下中と天野が一心同体となって璽宇詣でをしていたことがうかがえよう。

その下中弥三郎の呼び掛けによって「璽光尊の教えを聞く懇談会」が東京都千代田区一番町にあった「クラブ関東」で開かれたというわけだ。昭和三十二年七月十一日のことである。璽宇側からは最近入信して幹部信者となっていた柔道家の山田専太が出席、下中以外には亀井勝一郎、徳川夢声、それに双葉山への使者となった「中外日報」の桜井好光らが参加している。山田専太（正幹とも）はその後、ロンドン警視庁で柔道指南に従事していた関係から外国人の信者を多数獲得したという。

下中が亡くなってしばらくした春、昭和四十年三月、天野照子は一時帰国していた山田と、桜井を誘って横浜市師岡に璽光尊を訪ね、その折りの思いを残した。

「三つのカナエが揃ひましたね」と、上様はそう仰せられたが。仰せられるほど立派に役目が果し得られる私かいな、と顧みてジクジたらざるを得ん。無になろう。空になろう。

邪教邪教とののしられ、痛めつけられながらの幾十年。その間、どのような行状、どんな生活を続けて来られたか。翁（引用者注・下中のこと）のみたまも亦《また》、よい哉《かな》、よい哉とニコニコして、私をも永久におゆかへさせて呉れとささやかれたやうなので、私はあの翁が愛玩のたぬきの酒買ひの彫刻者に、翁の手回りのものを揃へて参内させた。翁、亦もって冥すべきだと、私は考へる。（「無派」第四十六号、昭和四十年十一月刊、抄出）

璽光尊の精神主義は変わらなかった。「無になれ、空になれ」と諭し、真の人間になるためには、徹底した自己反省と自己放棄、つまり無私の絶対的献身が求められたのである。天野が下中の霊とともに感応した「無と空」とはそういうものだった。双葉山が相撲道の中から見出した無もまたその点では符合していたように思われる。かつて、戦時に双葉山が常に携行していた杉本五郎中佐の『大義』にはこういう一節がある。

元来宗教・教育・芸術・武道・文学等凡百のもの悉《ことごと》く「無」に到るの道ならざるはなし

そして、教義からみてもう一つそこに加えるならば、天皇への無私を伴う絶対的献身があった。ただしこの場合の天皇とは、璽光尊が天照皇大神の分霊とされてからは、彼女がその対象となったのである。

「無と空」に象徴されるような璽宇の印象は、多くの著名文化人の心を揺さぶった。下中が集会に誘った中にはすでに述べたように亀井勝一郎や徳川夢声を初めとして、川端康成、金子光晴といった著名作家、詩人の璽宇訪問が確認されている。

表向きには金銭的に清廉に見えるシステムが安心感を与えたかもしれない。大教団によくあるように、運営費に関し会費以外に半強制的な布施を求めたり、下級信者が布施によって段階的に昇格するようなシステムをとっていない。実際にはかなり高額な金銭や不動産の寄進を要求してきているのだが、それが一部の資産家に限られているので表面的には分からないのだ。

また、璽宇は信者数の多寡をまったく意に介さない。つまり少数精鋭で良しとし、個人単位の大口寄進で財政を賄っている点が著名文化人たちに安心感を与えていたとも考えられる。

文化人以外にも成功した実業家たちの名が幾たびか挙がっている。すでに、双葉山奪回のために大和自動車交通の社長が動いたことは述べたが、一部上場の精密機械会社社長もあるとき藤沢市にある豪壮な邸宅を無償で提供していた（梅原正紀「月刊ペン」昭和四十六年十月号）という情報もある。

また、少し時代は戻るが終戦直前のこと、当時の阿南惟幾陸相や杉山元元帥も各々璽宇を訪ねていることは第五章で紹介したとおりである。日本の戦況がいよいよ押し迫って最終段階を迎えたころであろう。彼らは最後の頼みとして璽光尊に戦局の行方などについて何らかの示唆を求めていたのだ。

永田雅一

さて、昭和三十二年八月旧盆、「中外日報」の桜井好光が時津風から「九月には会える」との約束を貰ってきたのは璽宇側には吉報だった。間もなく九月六日午前ではどうか、という日時の連絡が入り、当日桜井一人が理事長室へ向かった。この場で双葉山（時津風）は具体的な返答をしている。

「是非、一度神様にお会いしたい。必ず伺う。自分は今、重大な決意をしているので、今の場所が済んだら君のところへ連絡するから、そのときはどうかよろしく頼む」(「勝木手稿」)

表情は真剣なものだったと報告し、追って十五日間通しで使える大相撲の桟敷席招待券を送るとの約束もしてくれた、と璽宇幹部一同を喜ばせている。双葉山の真摯な態度に璽光尊も「お守り」を桜井に持たせ、ねんごろに手渡させた。

その後、そうは言ったもののすぐには来ない双葉山に対し、また使者を送り「大神様がお待ちでございます」と伝えると、

「必ず伺います。しかし、こうして理事長になっていると中々お伺いできない。近く理事長を辞めてから伺います」(「勝木手稿」)

との返事が返って来た。

要するに、双葉山ははっきりしないのだ。理事長という職責があるにせよ、言った言葉を実行しない、煮え切らない、という状態が再び続くのである。理事長である、という立場が枷《かせ》になっているのは確かかもしれないと璽宇でも考えたろう。

新たな伝手《つて》もそろそろ尽きかけたと勝木が思案していたところ、璽光尊から天責者の中に恰好の人物がいる、それは永田雅一だ、との仰せが下った。下命を受けた桜井は、昭和三十三年九月二十三日、大映映画社長の永田雅一と会っている。

昭和三十年代の永田は、まさしく飛ぶ鳥を落とす勢いだった。その権勢は映画界に止まることなく、「政商」とも呼ばれた政財界のフィクサーとして、プロ野球界などにおいて強い影響力を持っていた。大ボラを吹くということから「永田ラッパ」などと異名をとっていたが、実績にも目を見張るものがある。

昭和二十三年に話は戻るが、聖心女子大学が学制改革の中で新設される際、マッカーサーの肝煎りでキリスト教布教が謳われ、著名政財界人などによる募金活動や敷地探しが行われた。聖心女子大学「建設後援会」が立ち上がり、ようやく渋谷区宮代町（現・渋谷区広尾）にあった旧久邇宮邸が最適と認められた。この土地に結局、聖心女子大学が建てられるわけだが、敷地決定には裏話があり、永田雅一の名がここにも登場する。

しかしこの土地は既に大映株式会社社長永田雅一氏の所有となっていた。永田雅一氏は戦後の女子教育に関心を寄せ、特に学院の建学の精神を理解し個人的計画を犠牲にして、この旧久邇宮邸を学院に譲渡することになった。（『聖心女子学院創設五十年史』）

言うまでもなく久邇宮邸とは香淳皇后、つまり璽光尊が「従姉妹である」と主張する昭和天皇の皇后が幼少期過ごした実家である。さらに、聖心女子大学がこうして設立された五年後の昭和二十八年、高等科から同大学に進まれたのが上皇后陛下美智子さまということになる。

もちろん永田は本業の映画製作でも『羅生門』（昭和二十五年公開、ヴェネツィア国際映画祭グランプリ、米アカデミー外国映画賞）、『雨月物語』（昭和二十八年公開、ヴェネツィア国際映画祭銀獅子賞）はじめ多くの文芸作品などで高い評価を受け、大映は興行的にも成果を挙げていた。

また、母の影響もあって永田は日蓮宗の熱心な信者であり、毎年末から正月にかけて身延山詣でを欠かすことがなく、多額の奉納をしていたとされる。

璽光尊が永田を十人の天責者に数えていたことは述べたとおりだが、璽光尊がここにきて切り札とも考えた裏には、双葉山が永田に誘われてこの身延山詣でに大映の大スターだった長谷川一夫とともに参加していた話を聞いていたからだ。さすがに情報収集能力には長けていた。

九月二十三日、桜井は大船の松竹撮影所で永田に面会している。邦画五社協定に基づく五社社長会議が開かれていたのだ。ひと通りの話を聞いた永田は「一度、神様の所へお訪ねしたい」と双葉山説得に乗り出す意思を示した。

ところが、永田は実際に双葉山を説得するまでにはだいぶ時間がかかった。これまでに何回も永田は身延山に双葉山を連れて参拝しているので、ホットラインが無いわけではない。だが、ここで厄介な問題が起きた。

実は、身延山参拝の有力者が集う「講」のような組織「身延会本部」から璽宇に対しクレームが入ったのだ。戦後焼け跡時代に始まった新宿西口のマーケット（「思い出横丁」）や闇市を支配していた安田組が裏で動いていた。安田組は身延会の主要メンバーで、永田が璽宇に邪魔をされ、身延会のためにならないというのが言い分だった。

安田組に双葉山への恨みが格別あるわけではない。璽宇が身延会に「手を突っ込んできた」という難くせなのだ。永田を擁護する安田組から横槍が入ったことでこうして事態がこじれ、永田もすぐには動けなくなった。

表情

ようやく「安田組」「身延会」と璽宇の間で手打ちが行われ、永田が動いたのは、昭和三十四年二月になってからである。再三に及ぶ双葉山との折衝の末、三月五日午後一時、桜井を連れた永田雅一は相撲協会理事長室での直接会談に乗り込んだ。

その結果は、永田の期待感に反するものであった。双葉山は永田の労に感謝の意を表しつつも、自分の今の立場からはいかんともし難い、と訴えたのである。

「神様には色々お世話になった。そのご恩は決して忘れていない。だから、せめて一度はお伺いしてご挨拶したいと思った。だが、理事長の席に座ってからは、自分で自分の行動がとれない。迷惑をかけて申し訳なかった。どうかこの自分の気持ちを察していただきたい」（「勝木手稿」）

衷情を訴える双葉山の体が心なしか小さく見えた、と永田は思った。これではどうすることもできない。おそらく双葉山は、毎年のように天覧相撲の行幸でご案内役を務め拝謁を賜る天皇と、それまで内なる天皇だった璽光尊との間で板挟み状態になっていたのだろう。二人の天皇に同時に仕えるのはできない相談だった。といって、二者択一もできない。

双葉山にはかつて懐深く抱いた「大義」があったはずだ。敗戦を跨いでも、眼前に昭和天皇がおられれば思い出さずにはいられないだろう。信心深い性分に今も変わりはない。『大義』の冒頭はこう始まる。

天皇は、天照大御神と同一身にましまし、宇宙最高の唯一神、宇宙統治の最高神。（杉本五郎『大義』）

実際、双葉山＝時津風理事長は就任以来、毎年五月の夏場所になると天覧相撲の責任を負ってきた。周囲から見れば誠に晴れやかで相撲人生絶頂のときがきたかに見える情景なのだが、当人は恐らく微妙な心境にあったに違いない。昭和天皇が「アノ事件」をご存じだ、と想像するだけで、拝謁や説明役に就く際には緊張度がいや増したであろう。
この年、昭和三十四年五月場所にも天皇は蔵前国技館に行幸された。『昭和天皇実録』から見てみよう。

（五月）十日　日曜日　大相撲夏場所八日目を御覧のため、午後二時五十九分御出門、蔵前国技館に行幸になる。御着後、御休所において財団法人日本相撲協会理事長取締時津風定次（双葉山）・常務理事取締春日野剛史（栃木山）・同立浪政司（羽黒山）・同高砂浦五郎（前田山）の拝謁をお受けになる。それより観覧席にお着きになり、時津風理事長の説明により、幕内力士の土俵入りから結びの一番までを御覧になる。弓取式の前にお発ちになり、六時四分還幸される。

時津風はいまや協会理事長の椅子から離れるわけにはいかなくなっていた。永田雅一を担ぎ出す戦術は失敗に終わった。その後、勝木たちは横綱審議委員の主要メンバーでもある作家の尾崎士郎にも斡旋を依頼。尾崎も昭和三十七年八月三十一日、築地の料亭で時津風と直接会談をもったものの、双葉山の回答は永田のときと同じであった。
「神様には色々お世話になった。そのご恩は決して忘れていない。だから、せめて一度はお伺いしてご挨拶したいと思った」

「理事長だから行けない」というなら、当代一の大横綱という看板を背負っていた入信当時はよかったのか。双葉山にははっきりと「ダメ」と言えない優柔なところがあったということか。二人の天皇を戴いてしまったゆえに、双葉山は最後まで悩む男として生きた。その意味では生涯「モツケイタリエズ」を背負って生きたといえる。

璽光尊もこれ以上双葉山を説得する材料を持ち合わせていない。当然、勝木も断念せざるを得なくなる。

私は昭和三十七年十月を以て、双葉を諦めた。思えば双葉と別れてちょうど十五年、ここで救い出しを断念せざるを得なくなったのは誠に残念だった。（「勝木手稿」）

璽光尊はこの事態に対し、双葉山も最後は天責に目覚めず、魔賊の虜となったという解釈をした。以降、より強く外部からの圧力を撥ね返し、懺悔の告白をもって新たな内燃力を高めるようになってゆくのである。

リクルート

双葉山を失い、奪回作戦も不発に終わったいま、神の試練を乗り越える必須の戦力として動いたのはまずは大久保弘一だった。

かつて、陸軍省報道班員だった大久保少佐（当時）は二・二六事件発生から三日目、叛乱軍を帰順させるための降伏文書を書いた人物として名が残っていた。昭和十一年二月二十九日朝、書き上げた降伏勧告文書「下士官兵ニ告グ」は三万枚印刷された。その朝、三宅坂上空からはビラが撒かれ、ラジオ放送でも「勅命は発せられた」「抵抗したなら、逆賊とならなければならない」などと読み上げられ、「勅命下る　軍旗に手向かふな」というアドバルーンが上がり、叛乱部隊降伏に大きな役割を演じたのである。

その大久保が大佐で終戦を迎え、璽宇に心酔するようになったこと自体、一種の転向と言えるだろう。昭和天皇の勅命を皇道派青年将校に徹底させた、いわば統制派の尖兵ともいえる軍人が一転、天皇を超えたと主張する璽光尊に身を寄せたのだ。果たして、大久保もまた双葉山と同じく、天皇による「人間宣言」に言い知れぬ葛藤を抱いていたのだろうか。

金沢事件以降、璽宇を順番に離れた双葉山や呉清源とその妻、妹・叶子に代わって入信してきたのが徳川夢声や大久保弘一で、大久保は璽光尊に言われて下中弥三郎を獲得した。

実はそれ以前、大久保弘一と徳川夢声はともに霊媒師として著名だった萩原真が主宰する「真の道」という宗教団体に関わっていたという共通の過去がある。二人は明治二十七（一八九四）年生まれで、府立第一中学校（現・都立日比谷高校）同級生という縁だった。

「真の道」は霊能力に優れていたとされる萩原真が神霊現象に目を向けるあまり、山海での日々の修行などに力点が置かれていた。そのやや偏重した自然との対話ぶりに、おそらく夢声も大久保も「邪教ではないか」との疑念を感じるようになった。

「真の道」を離れ、昭和三十一年七月末には夢声主導の下、柔道家の山田専太とともに三人は順次璽宇に入信する。その裏には、金沢事件以降、璽宇が受けた社会的イメージの挽回をこうした著名人の活躍に託そうとする璽光尊の意図がうかがえる。

一連のいきさつを裏書きするような話を徳川夢声は書いていた。現存者がいるため実名を出せないと断っているが、夢声らしいユーモアに溢れたエッセイである。長文になるため要点のみ抄出しておく。


昭和二十五年の或《あ》る一日。フラリと拙宅にやって来たのは、私の一中時代の同級生B君である。彼は陸士を出て、やがて陸軍の新聞班長となり、例の××事件では「×に×ぐ」という歴史的放送の原文を書いた男である。昭和十八年に私がNHKの慰問団で、シンガポールに行った時、彼はマレー新劇部隊第二十五軍の宣伝部長として、飛ぶ鳥もおとす威勢であったから、私は随分世話になった。

その彼がヒョッコリやってきて、「最近の集まりに、これこれこういう人物を訪ねよ、というお示しが必ず出てくるもんだから、僕はそれはトクガワムセイという男ではありませんか、と伺ったところ、たちどころにソージャヨという言葉なんだ。とにかく一度、君もその集まりに出席してみないか」（昭和四十年、『小説現代』連載「ヘンテコな経験」）

という流れで、徳川夢声はB君こと大久保弘一に連れられ、昭和二十五年に「真の道」を主宰する萩原真宅を訪れ、一度は宗派の中で広告塔としての役割を演じていたのだ。

夢声はこのあと大久保を璽宇にリクルートした大立者ということになるが、彼の璽宇での奮闘ぶりにはもう一つ活躍があった。

邪教にあらず

夢声は双葉山が理事長に就任するや否や、さっそく自分がホスト連載を務める「週刊朝日」での対談の席にゲスト出演者として招くことに成功しているのだ。

これまで双葉山は数々の大物を動員した作戦にも結局振り向くことはなかった。恩人ともいえる有力後援者・野依秀市の紹介状も無力、永田雅一も失敗、尾崎士郎（作家、横綱審議委員）が面会しても駄目。璽光尊側は双葉山から毎度衷情を訴えられるだけで、色よい返事をもらうことはできなかった。理事長の肩書がある限りは難しい、との一点張りである。

そんな中で唯一、璽宇の幹部信者が主宰する舞台に堂々と、それも「日本相撲協会理事長」の肩書で登場したのだ。

対談が実施されたのは、発売号から推して昭和三十二年五月中旬と思われる。時津風理事長が誕生したのは、前理事長の出羽海の自殺未遂事件を受けてのことだ。蔵前国技館内の取締役室で自殺未遂が起きたのが五月四日で、日をおかず出羽海の退陣と後任に時津風代理を立てる決定が下された。昭和三十二年夏場所の開催は五月十八日と迫っており、二年前から始まっていた昭和天皇による天覧相撲の日程もほぼ夏場所の中日あたりと決まっているという緊急事態だった。その影響が考慮されてのことか、この年だけは千秋楽の天覧に繰り下げられた。

それでも、一大不祥事が発生しておそらく土俵裏では混乱が続く場所での最終日、天皇は新・時津風理事長の下での大相撲観戦を楽しまれたのだ。

(六月)二日　日曜日　大相撲五月場所千秋楽を御観覧のため、午後二時四十分御出門、台東区蔵前の国技館に行幸される。御着後、戦後初めての蔵前国技館行幸(昭和三十年五月二十四日)を記念して建てられた御製の碑の前に進まれ、財団法人大日本相撲協会理事長取締時津風定次(双葉山)の説明により同碑を御覧になり、御休所において時津風理事長、同協会取締春日野剛史(栃木山)・同伊勢ケ浜勘太夫(清瀬川)の拝謁を受けられる。ついで御観覧席において、時津風理事長の説明により幕内の取組を結びの一番まで御覧になる。五時五十二分還幸になる。なお、国技館において千秋楽を御覧になるのは初めてのことである。

(『昭和天皇実録』)

当日の時津風理事長の奮闘ぶりがうかがえるこの日の行幸であった。

その二週間ほど前、初日を目前に夢声との対談は実施されている。徳川夢声の連載対談「問答有用」が掲載された「週刊朝日」の発行日は、千秋楽天覧の六月二日（号）という巡り合わせなのだ。対談冒頭に夢声自身が書いたリード文がある。

「対談の場所は、前理事長が自殺を図った室の隣りであった。あの大きな建造物に、人の気がほとんどなく、一種異様な感じが、廊下の隅々によどんでいた」

未遂とはいえ割腹自殺の現場隣りでの対談だった。名状し難い空気が流れていたことはそのとおりだろう。以下、対談より関連部分を見てみよう。

夢声　一時、璽光尊のところへいっておられましたが、あれへ入られたのも精神統一、精神心修行といったことからだったんですね。

時津風　そうじゃありません。あれは引退してからです。呉清源さんが何回となくさそいにみえましたので、「ほんとうにそういうえらい人がいるんだろうか」と、つい出かけました。呉清源さんは、理論的に説くことが非常にじょうずなんです。

夢声　あの独特の口調でね。

時津風　わたしは教育がないもんですから、そういう理屈はわからない。出かけるときの気もちは、まことに純真で、無邪気なものだったんですが、教育のない悲しさ、わたしとしては、ただ身をもって体験するというだけで、批判的な態度をとることができなかった。冷静に判断する余裕もなく、すっかり渦中にまきこまれてしまったわけです。
夢声　当時、あれはセンセーションで、新聞の社会面のトップに出ましたね。
時津風　あの時分は無我夢中でした。
夢声　最近になって、ぼくも再三再四、璽光尊におめにかかって、話をしたんですがね、それによってえた結論は、邪教でもないし、精神病でもないということです。（「週刊朝日」昭和三十二年六月二日号）

最後の問答に時津風（双葉山）はそれ以上は答えず、話は再び相撲世界のことに進んでいく。時津風は璽宇に入ったことを「純真で、無邪気なもの」で「つい出かけました」といかにも軽い気持ちだったこと、それが「教育のない悲しさ」のせいだ、とこの場をかりてなんとか言い訳をしようと必死だった。

だが、金沢事件のときは無我夢中だったという。それはそうだろう。徹夜で修行を積み霊格者となり、璽光尊から素戔嗚尊の「素」をとった「素彦」という名前まで授かり、南北朝時代の将軍皇族の生まれ変わりとされたのだから。その名の名刺も自分で作っている。双葉山こそこの世に二、三人しかいない偉大な天責者であると璽光尊に賞賛された身であった。

夢声は理事長の面前で、璽光尊は「邪教にあらず」と断言している。この対談を仕掛けた目的は、このひと言を言う点にあった。

言われた時津風は脱会したからといって、この場で話術師・夢声に「あれは邪教です」「彼女は精神異常者です」とは反論できないだろう。これは昭和三十二年五月に行われた対談だが、その直後の八月には野依秀市の紹介状を持ったジャーナリスト桜井好光が面会、三十四年には永田雅一が、三十七年には尾崎士郎との面会がある。その度に彼は「神様にはお世話になった。一度はお伺いしてご挨拶したい」とその場を繕う返答をし、「理事長の肩書があるので行けない」としているのだ。いわば、双面神《ヤヌス》のような言いように聞こえる。野依、永田、尾崎らに先立って夢声は対談の席に双葉山を引き出し、璽宇信者としての対応をしてみせたのである。

対談が終わった後はおそらく食事の卓を囲んだであろう。新理事長の肩書をもった双葉山に対し、会話術が職業の夢声はどのように攻め込んだのか。双葉山の両の腕《かいな》に、夢声は腕を差し込むことができたのかどうか。返答はその後の言葉と同じであったろう。だが、双葉山はやはりこの時点でなお二人の天皇の間で新たな懊悩に苛《さいな》まれていたのではないかということが対談からは示唆される。

大義の末

もう一人、呉清源に代わるオルガナイザーとなった大久保も「真の道」への接近からその後の一部始終を手記に残していた。今回の取材過程で、私は對馬路人氏のご協力を得て、大久保が書いたその手稿「天皇は楠木正成の再来である」(以下「大久保手稿」)を読む機会に恵まれた。

「大久保手稿」によれば彼はある日、三島由紀夫の『英霊の聲』に触れ、読後、三島に深く感銘し、かつて自分がとった行動を反省すると共に青年将校への理解を急速に深める異変をきたした。『英霊の聲』を読んだのは雑誌『文藝』（昭和四十一年六月号、河出書房新社）の発売直後というから、その年の五月末ごろのことかと思われる。大久保はすでに七十歳になっていた。「大久保手稿」は冒頭『英霊の聲』との出会いに始まり、「真の道」で夢声と過ごした奇妙な霊感の体験談や璽光尊の慧眼に畏敬の念を抱く感情などが四百字詰め原稿用紙二十五枚に述べられている。最後は三島由紀夫の『英霊の聲』で共感した心情を綴って終わる。その部分を引こう。

冒頭に述べたように『英霊の聲』の青年将校達の亡霊が、痛恨、哀愁に耐えずして慟哭していると聞くと、涙なしにはおれないのである。しかも二・二六事件は私にとっても無関係とは言えないから、尚一層この感を深くする訳である。（「大久保手稿」）

青年将校達の亡霊が大久保の中で「痛恨」であり「哀愁」となって慟哭する——こうした感応を大久保は『英霊の聲』から得たとしている。では、大久保は三島作品のどのようなところに視点を奪われ、いわば「転向」に到ったのだろうか。

『英霊の聲』にある次のような一節はその答えを与えるに十分だ。注意して読まれるべき個所と思われる。

『実は朕《ちん》は人間であった』

と仰せ出されたのである。われらが神なる天皇のために、身を弾丸となして敵艦に命中させた、そのわずか一年あとに……。（中略）だが、昭和の歴史においてただ二度だけ、陛下は神であらせられるべきだった。何と云おうか、人間としての義務《つとめ》において、神であらせられるべきだった。（三島由紀夫『英霊の聲』）

二・二六事件における皇道派青年将校の中心人物で、刑死した磯部浅一が残した「獄中手記」は、三島の心情を大きく揺さぶったとされる。その一節は天皇に対する呪詛《じゆそ》に満ち溢れてやまず、敗戦一年後の正月には改めて大久保を強く揺さぶったのであろう。磯部が吐いた一節である。

今の私は怒髪天をつくの怒りにもえています。（中略）天皇陛下、何といふ御失政でありますか、何と云ふザマです、皇祖皇宗に御あやまりなさりませ。磯部浅一　八月六日（『文藝』昭和四十二年三月号）

双葉山もまた無意識の内ながら磯部とほぼ同じような声を昭和二十一年元旦の「詔書」から聞いたのだろうか。その足で杉並の璽光尊を訪ねたのだった。

三島についていえば、『英霊の聲』を遡る十年前、彼は代表作の一つに挙げられる『金閣寺』（昭和三十一年『新潮』連載）を発表している。実際に起こった放火事件の経緯を小説化させた作品だが、天皇のメタファーが金閣寺なのではないか、と読める示唆に満ちた長編小説である。戦前の金閣寺が戦火によって消失せず、醜いかたちで戦後に残ったことに若い僧侶が感じて重ね合わせたものは、「人間宣言」をしたあとの天皇像だった。つまり、戦後社会にそのまま残ってしまった金閣寺は焼かれねばならなかったという思念に導かれ、その崩壊感覚から火をつけたという意図が三島にあったのではないかと思われる。三島と天皇を考える際に、どうしても忘れてはならない作品に数えられる。

大久保は先の手稿をおそらく璽光尊に見せた。生原稿は勝木徳次郎によって清書され、伝手を頼って文藝春秋に持ち込まれた。それが昭和四十二年初頭あたりと思われる。伝手に関して以下のような記述がある。

（昭和四十年十月某日）私は『週刊文春』から一記者の来訪を受けた。同誌に連載されている松本清張氏の『昭和史発掘』の一環として、二・二六事件が登場し『兵に告ぐ』の起草者である私から当時の資料をとるためのものであった。（「大久保手稿」）。

だが、この原稿が活字になることはなかった。内容的には、実業家などの実名も明らかにされていることもあり、それなりの発表意義がないとは思われないが、読んでみるとなにせ素人の筆で、表現その他手入れが必要と思われる個所も多い。

半年ほど経った昭和四十二年七月の日付で文藝春秋から「横浜市港北区師岡三六八　璽宇方」として一枚の葉書が届いている。冒頭、返答の遅れを詫びたあと、こう続く。

あの大久保氏の原稿が何等かの機会に発表を見る様今後努力させていたゞくつもりです。末筆ながら諸氏によろしく御伝声下さい、先ずはお詫びまで。

この葉書には「文藝春秋社」の社名と当時表記されていた住所のゴム印が捺されており、璽宇総理の勝木徳次郎が保管していた。璽宇の活動はこうした宣伝も含めて、昭和四十年代に入ってからは低迷の一途を辿っていかざるを得なくなったのが実情だ。

終焉

かつての日下開山《ひのしたかいざん》・双葉山は時津風理事長になって幾多の改革に取り組んでいた。前理事長が国会で営利事業優先ではと批判された体質を、土俵中心主義に改善計画を練った。一例を挙げれば、取締の勝負検査長制度の廃止、相撲茶屋制度改革、無気力相撲の一新、幕内枚数の削減、仕切りの乱れ是正、相撲診療所の開設、相撲教習所の開設、行事定年制、部屋別総当り制実施など今では当たり前となっている改革が数多い。相撲ファンや角界からも好評だった。だが、昭和四十年暮れ、急に胃が痛み出したので東大病院へ行くと胃潰瘍の手術を申し渡された。以降、三年ほど体調が優れないままに理事長を務め続けていた。

その間、毎年五月の夏場所には天覧相撲があった。時津風理事長としてご案内を務めたのは昭和四十二（一九六七）年まで。四十三年は天覧がなかったため、時津風理事長としてのご案内回数は十一回、理事時代を含めると十三回の天覧にお伴したことになる。

昭和四十三年十一月の九州場所へは主治医の東大病院・上田医師が止めるのを振り切って出掛けた。だが、千秋楽には優勝力士大鵬に賜杯を渡す体力さえ残っていなかった。博多でしばし休んだのち、直ちに帰京、東大付属病院上田内科に二週間ほど入院していたが、病状は恢復しないまま、昭和四十三年十二月十六日午前十一時二十一分、急激に進行した劇症肝炎で息を引きとった。双葉山定次、五十六歳十ヵ月の生涯だった。

妻の澄子が両国の時津風部屋に隣接する自宅で亡くなったのは平成十七（二〇〇五）年八月のことである。

令和元（二〇一九）年五月、私は東京都荒川区日暮里にある日蓮宗・善性寺《ぜんしょうじ》に双葉山（本名・穐吉定次）の墓を訪ね参拝した。江戸中期、六代将軍家宣の生母が奉られて以来、徳川家ゆかりの墓所となったとされ、上野戦争では彰義隊の屯所ともなった。閑静なたたずまいの町中の山門をくぐるとすぐ左脇に建て直したのだろうか、まだ新しく見える「穐吉家」の墓所があった。墓石裏には「双葉山　霊山院殿法篤日定大居士」とある。住職に話を聞いたが、近年では部屋関係者も含め、訪ねる人もめったにいないという。しばし、たたずんで手を合わせ辞去した。

双葉山が没してから十数年経った昭和五十九（一九八四）年七月七日、璽光尊こと長岡良子が横浜市師岡の璽宇本部でひっそりと〝崩御〟した。残った幹部信者は二十人ほどといわれており、マスコミに騒がれることもなく、静かに総理の勝木徳次郎が一切を仕切った。以前より、宗教法人としての手続きはされていない。

私は最後まで璽光尊についていた信者に面会したいと思い、璽宇本部の住所が最後に確認されている場所を訪ねてみた。

平成三十一年四月半ばである。横浜市師岡の本部はおそらく璽光尊が亡くなったあと引き払われたようだ。新住所は、横浜市港南区下永谷××番で、横浜市営地下鉄ブルーラインの下永谷駅からひと山越えるとたどり着く。かつては農家が点在するだけの丘陵地帯を開発した典型的な新興住宅地の一角だった。しかし、目指す住所に璽宇本部らしき目印も何もない。周囲はごく標準的な会社員風の住宅が並ぶだけだ。一軒の旧家を訪ね聞いてみると事情が呑み込めた。

古くから住むその住人の話である。

「屋敷を売って引っ越されてもう十年近くになりますよ。この先の古い家にそれらしい宗教団体の方が出入りしていました。十人くらいは住んでいたと思います。いえ、皆静かな人たちでした。ご主人は私らと同じ姓で地元に昔から住んでいる地主の老夫婦でして、そこに勝木さんという方が一緒におられたかと思います。ご夫婦のご主人の方が亡くなられたので奥さんが家を売って、娘さん夫婦が横浜の方で持ち帰りのお寿司屋をやっていると聞いたけど、詳しいことはねえ」（近隣の地主・I氏）

この先は杳として璽宇の行方は分からない。もはや昭和天皇も双葉山も璽光尊も人々の記憶から消えかけようとしていた。

私が璽光尊の墓参をしたのは、それから半年後の令和元年十月初旬の晴れた日であった。

璽光尊は富士山の麓にある冨士霊園（静岡県駿東郡小山町大御神）に眠っていることが分かった。本名の「大沢奈賀」で管理事務所に尋ねたところ、墓碑銘登録からその墓の区画がおおよそ分かった。墓石は大きな御影石に「天璽照妙　璽光尊様御墓所」と表に彫られ、裏には「霊寿39年7月7日御昇天」とある。後方には雲に覆われた霊山の山裾が広がる。璽宇信者が日ごろから「富士の霊峰」と仰ぎ、再三にわたって墓苑近隣の富士宮、御殿場、沼津や箱根などに出陣あるいは本部を構えたりしてきたゆかりの地でもある。

ひとつ不思議に思えたのは、墓碑銘登録簿に彼女の本名「大沢奈賀　昭和五十九年七月七日没」とあるのは分かるが、一緒に「勝木徳治郎　平成二十一年四月七日没」と並んで記されている点だった。勝木はよく名前を変えていたので、どうやら戸籍上は「次」ではなく「徳治郎」のようだが、なぜ二人連名なのか。埋葬したのは残った信者たちだろうが、璽光尊と勝木は一緒に埋葬されているということか。墓石の表面は璽光尊だけだが、実は二人は一緒に祀られたのだろうか。かつて、金沢事件の現場二階に警官隊が踏み込んだとき、布団が二人分押収されたとの地方紙記事も出た。本部二階で璽光尊と勝木が一緒に生活をしていたのではないかとの未確認情報があったことを思い出したが、謎のままである。

人生の大半を何ものかと闘いながら幕を閉じた双葉山と璽光尊は、東京下町の一隅と霊山の山裾で静かに眠っている。そして、戦後間もない頃に起きたこの事件のことを覚えている人はもうほとんどいない。

あとがき

双葉山は六十九連勝という大記録を打ち立てた不世出の横綱として、今なおその名を残す。連勝期間は昭和十一（一九三六）年一月初場所七日目から、同十四年一月初場所三日目までである。この記録は今日でもまだ破られていない。

その双葉山が終戦後間もない時期、ある女性教祖の宗教にはまった、しかもその教祖は当時、天皇を乗り超えた位置にいるとまで宣言していたと知ったときには、少々驚いた。あの双葉山が、なぜとりこになったのかを知りたくなったのである。相撲道に関しては、天才的嗅覚と実力、精神力を兼ね備えていた人物として知られていた横綱は、なぜ「邪教」とまで指された組織に加わったのだろうか。

私はもとより相撲の専門知識ももっておらず、単なるテレビ前の一観客でしかない。まして、宗教学に関してはまったくの門外漢である。

人間には誰しも迷いがあり、ときに波瀾万丈、紆余曲折の限りを尽くして生き延びなくてはならないときもあろう。およそ七十五年前の敗戦直後、そういう時代を今生きる高齢者は体験上、多少は承知している。さらに若い世代も、昨今の新型コロナウィルス騒動を生き抜くためにさまざまな苦渋体験をくぐったに違いない。この極めて科学的な証拠《エビデンス》に基づいた世界的な疫病の大流行でさえ、ときに科学や合理性から飛び離れた、信仰や神憑り的な領域で懊悩の解決を図ろうとする心理が働くのは、これまた不変なのではないか、とさえ考えるようになった。

これまでのわが国の長い歴史を振り返れば、大災害や飢饉、疫病の大流行などが起こると、天皇・皇后ならびに皇族方がしばしば国民の安寧・平安を祈り、またお見舞いに全国各地を訪ねられてきたことを我々は知っている。天皇が国民のために祈り、国民もまた天皇を尊崇し、神（神道）に祈り、神がまた自分たちを護ってくれると信じてあまた寺社詣でをする。そうした信仰の循環とでもいうべき慣わしが根づいてきた。神仏習合である。だが、日常的に神に祈っているわけではない。そこが日本人と神の微妙な関係でもある。困ったときの神頼みは、生活に密着しているのだ。

双葉山が神に頼ったときは、どんなときだったのか。戦前、戦中、敗戦後の日本社会とその価値観、世界観の変容は、どのようにして戦中派・双葉山に影響を与えたのか。勇壮無双一徹の名横綱は、どのような経過で女性教祖に惹きつけられたのか、今回の取材をとおして私の関心が膨らんだのが本書である。

専門知識に乏しい私には少々荷が重い作業となったため、至らぬ瑕疵も多々あろうかと思う。その点は、読者諸氏のご叱正を俟たねばならない。

尚、新宗教の基礎資料等に関しては、元関西学院大学教授・對馬路人（宗教社会学）氏に貴重なご教示を頂戴した。お名前を記して感謝申し上げたい。また、本書刊行に際しては、草思社

「大相撲」一九六九年二月号、読売新聞社
「時津風部屋」（大相撲名門列伝5）ベースボール・マガジン社、二〇一八年
「立浪部屋」（大相撲名門列伝4）ベースボール・マガジン社、二〇一七年
時津風定次『相撲求道録』黎明書房、一九五六年
双葉山定次『双葉山自叙伝』帝都日日新聞社、一九四一年
小坂秀二『わが回想の双葉山定次』読売新聞社、一九九一年
小島貞二『本日晴天興行なり』読売新聞社、一九九五年
京須利敏・水野尚文編著『大相撲力士名鑑』共同通信社、二〇一六年
石井代蔵『巨人の素顔』講談社文庫、一九八五年
山川静夫『そうそう　そうなんだよ』岩波現代文庫、二〇〇三年
日本経済新聞社編『私の履歴書』（第十一集）一九六〇年
工藤美代子『一人さみしき双葉山』ちくま文庫、一九九一年
工藤美代子『絢爛たる醜聞　岸信介伝』幻冬舎文庫、二〇一四年
工藤美代子『スパイと言われた外交官　ハーバート・ノーマンの生涯』ちくま文庫、二〇〇七年
杉本五郎『大義』平凡社、一九四三年
城山三郎『大義の末』角川文庫、一九七五年
文藝春秋編『「文藝春秋」にみるスポーツ昭和史』（第一巻）一九八八年
大宅壮一『蛙のこえ』鱒書房、一九五二年

伊藤隆・佐々木隆編『真崎甚三郎日記』（第5巻）山川出版社、一九八七年
璽宇所蔵「御神示謹書」手稿
勝木徳次郎「璽宇と双葉との関係」手稿
島田裕巳『日本の10大新宗教』幻冬舎新書、二〇〇七年
梅原正紀「戦後の『生き神』第一号　璽光尊、流転の三十三年」／「宝石」一九七八年八月号
梅原正紀「全調査・日本の新興宗教」／「月刊ペン」一九七一年十月号
井上順孝・孝本貢・対馬路人・中牧弘允・西山茂編『新宗教教団・人物事典』弘文堂、一九九六年
井上順孝・孝本貢・塩谷政憲・島薗進・対馬路人・西山茂・吉原和男・渡辺雅子編共著『新宗教研究調査ハンドブック』雄山閣、一九八一年
出口栄二・梅原正紀・清水雅人『新宗教の世界Ⅳ』大蔵出版株式会社、一九七八年
渡邊楳雄『現代日本の宗教』大東出版社、一九五〇年
渡邊楳雄「璽光尊視察報告」文部大臣官房宗務課特別調査資料、一九五〇年
森秀人「璽宇教・璽光尊」／「新評」一九七八年九月号
出口ナオ著・村上重良校注『大本神諭』（天の巻、火の巻）東洋文庫、一九七九年
早瀬圭一『大本襲撃　出口すみとその時代』毎日新聞社、二〇〇七年
警視庁警察部長文書「璽光会の動静について」一九四六年、手稿
「アサヒグラフ」一九四七年一月十五日号、同年二月十五日号
日置昌一「璽光尊とマッカーサー元帥の物語」／「文藝春秋」一九五二年十月号

芥川龍之介『地獄変・邪宗門・好色・藪の中』岩波文庫、一九五六年
林　茂編者代表『二・二六事件秘録（別巻）』小学館、一九七二年
片山杜秀『近代日本の右翼思想』講談社選書メチエ、二〇〇七年
出口和明『スサノオと出口王仁三郎』八幡書店、二〇一二年
粕谷一希『言論は日本を動かす』（第6巻）講談社、一九八六年
高橋和巳『邪宗門』（上下巻）河出文庫、二〇一四年
井上章一『狂気と王権』講談社学術文庫、二〇〇八年
三島由紀夫『英霊の聲』／「文藝」河出書房新社、一九六六年
三島由紀夫『金閣寺』／「新潮」新潮社、一九五六年連載
松本清張『神々の乱心』（上下巻）文春文庫、二〇〇〇年
原　武史『〈出雲〉という思想』講談社学術文庫、二〇〇一年
山地悠一郎『後南朝再発掘』叢文社、二〇〇三年
川　良雄編集執筆『石川県警察史』下巻、石川県警察史編さん委員会、一九七五年
安藝海節雄「文藝春秋」一九五五年六月号
松ヶ枝公民館「松ヶ枝の広場」松ヶ枝公民館三十周年記念誌編集委員会、一九八五年
明翫外次郎「璽光尊・双葉山検挙事件のスパイ」／「特集文藝春秋　今こそ言う」一九五七年四月
藤井恒男「名横綱双葉山を友として」／「文藝春秋」一九六九年二月号
藤井恒男『今なら話せる』朝日ブックレット⑨、朝日新聞社、一九八三年

秋元波留夫「妄想の遍歴」／「中央公論」一九四七年三月号
秋元波留夫「長岡良子精神鑑定書」手稿
秋元波留夫所蔵「璽光尊見聞記」「璽光尊内偵記」他手稿類
宮本百合子「双葉山を手玉にとった〝じこうそん様〟について」／「文藝」一九四七年三月号
村上重良「双葉山に守られた教祖璽光尊」／「歴史と人物」中央公論社、一九八四年
入江為年監修『入江相政日記』(第五巻)朝日文庫、一九九四年
天野照子「万魂救済こそ永遠の平和」／「女性仏教」一九五七年九月号
天野照子「再び披らく師岡への道」／「無派」一九六五年、第46号
聖心女子学院編『聖心女子学院創設五十年史』聖心女子学院、一九五八年
徳川夢声「ヘンテコな経験」／「講談倶楽部」一九五七年五月号、六月号、講談社
徳川夢声＋時津風定次対談「週刊朝日」、一九五七年六月二日号
大久保弘一「天皇は楠木正成の再来である」手稿
磯部浅一「二・二六事件　獄中手記・遺書」／「文藝」一九六七年三月号
文藝春秋編集者書簡　一九六七年七月付、璽宇所蔵
酒井忠正『日本相撲史』大日本相撲協会、一九五六年
『昭和天皇実録』宮内庁書陵部所蔵資料
その他宮内庁書陵部所蔵資料
イギリス公文書館所蔵の外交文書

金沢市立玉川図書館所蔵資料

その他地方紙、業界紙を含む新聞各紙は本文掲載どおりとし、割愛します。

◉写真提供
カバー写真：「アサヒグラフ」一九四七年二月十五日号より
表紙写真：読売新聞社
扉写真：共同通信社
口絵写真：朝日新聞社、読売新聞社、共同通信社著者略歴――――
加藤康男（かとう・やすお）
1941年、東京生まれ。編集者、ノンフィクション作家。早稲田大学政治経済学部中退ののち出版社勤務。退職後はおもに近現代史をテーマに執筆活動に携わる。『謎解き「張作霖爆殺事件」』（PHP新書）で山本七平賞奨励賞を受賞。そのほかの著書に『通州事件の真実』（草思社文庫）、『昭和天皇 七つの謎』（ワック）、『靖国の軍馬』（祥伝社新書）、『三笠宮と東條英機暗殺計画』（PHP新書）、『八月十五日からの戦争「通化事件」』（扶桑社）、『ラストエンペラーの私生活』（幻冬舎新書）など多数。

双葉山の邪宗門
「璽光尊事件」と昭和の角聖

2020年9月2日　第1刷発行

著　者　加藤康男
装幀者　間村俊一
発行者　藤田　博
発行所　株式会社草思社
〒160-0022　東京都新宿区新宿1-10-1
電話　営業 03(4580)7676　編集 03(4580)7680

本文組版　株式会社キャップス
本文印刷　株式会社三陽社
付物印刷　株式会社暁印刷
製本所　加藤製本株式会社

ISBN978-4-7942-2468-2 Printed in Japan　検印省略